図解
超簡単連結決算

■都井 清史 著

BSIエデュケーション

は　じ　め　に

　平成12年3月決算から、本格的に連結決算が導入されました。新しい会計制度では、連結財務諸表が中心となるだけではなく、連結キャッシュ・フロー計算書の導入や税効果会計の強制適用などが行われています。また、平成13年3月期からは、金融商品の時価評価や退職給付会計の導入が予定されています。本書では、これらの内容についてもその概略に触れています。

　本書は特に新しい会計制度の限界を意識しています。連結中心の決算となり、連結キャッシュ・フロー計算書が導入されたとしても、財務諸表が真実でない可能性は依然として存在します。むしろ、利益操作やキャッシュ・フローの操作はより巧妙になり、見る側に相当な知識がなければ、操作されていることに気がつかなくなるおそれがあります。

　キャッシュ・フローは客観性の強いものとしてもてはやされており、キャッシュ・フロー重視の経営ということも盛んにいわれています。しかし、その評判とは裏腹にその操作はかなり容易にできるものです。そういった事実をよく認識した上で、キャッシュ・フロー計算書を利用する必要があります。なお、キャッシュ・フローについては姉妹書『図解・超簡単キャッシュ・フロー』を利用して頂ければ幸いです。

　金融商品の時価評価が行われれば、利益操作ができなくなるといわれていますが、これも表面的理解であり、その他の有価証券の売却による益出しは依然として可能です。新会計制度の正確な理解が必要となるところです。

　連結財務諸表の知識は、何も株式公開をしている大企業のみに有効なのではありません。中小企業においても、会社とオーナー個人との連結財務諸表はかなり重要性の高いものです。本書では、そういった技術の

マスターもできるようにしてあります。
　最後に、日頃より大変お世話になっております恩師である高田正淳神戸大学名誉教授に紙面を借りてお礼を申し上げたいと思います。

平成12年9月

都井　清史

目次

■はじめに …………………………………………………… 1

序章　連結決算制度とは ……………………………… 9

第1章　連結決算が重要になった背景 ……………… 13
1　分社化 ……………………………………………… 13
2　持株会社化 ………………………………………… 16
3　国際化 ……………………………………………… 18

第2章　連結財務諸表 ………………………………… 21
4　連結貸借対照表（連結B／S）とは …………… 21
5　連結損益計算書（連結P／L）とは …………… 24
6　連結剰余金計算書（連結S／S；Surplus Statement）とは … 26
7　3つの財務諸表の関係 …………………………… 27
8　連結キャッシュ・フロー計算書導入の背景 …… 28
9　資金の範囲について ……………………………… 32
10　営業活動によるキャッシュ・フロー …………… 34
11　直接法の場合の表示内容 ………………………… 36
12　損益計算書との関係 ……………………………… 38
13　当期利益と営業活動によるキャッシュ・フローとの違い …… 40
14　間接法の場合の表示内容 ………………………… 41
15　減価償却費、引当金増加額等がなぜ表示されるのか ………… 43
16　棚卸資産の評価損が表示されない理由 ………… 46
17　受取利息・受取配当金の表示方法 ……………… 47
18　売上債権の増加額の意味 ………………………… 49

19	棚卸資産の減少額の意味	50
20	仕入債務の減少額の意味	51
21	営業活動によるキャッシュ・フローと経常収支との関係	53
22	投資活動によるキャッシュ・フロー	55
23	有価証券投資、設備投資等とその回収の見方	57
24	財務活動によるキャッシュ・フロー	59
25	財務活動の長期・短期資金の見方	61
26	3つの表示区分の相互関係	62
27	他の財務諸表との関係	64

第3章 連結の範囲の決定方法 …… 67

28	持株比率基準・支配力基準とは	67
29	ゼロ連結とは	70
30	影響力基準とは	71
31	連結はずし、持分法の適用はずしについて	72

第4章 連結固有の勘定科目の意味 …… 75

32	連結調整勘定	75
33	少数株主持分	80
34	部分時価評価法と全面時価評価法	82
35	連結剰余金	83
36	連結調整勘定償却	85
37	少数株主損益	86
38	持分法による投資損益	88
39	親会社説と経済的実体説	90

目次

第5章 与信上の注意点 …… 93

40 連結の範囲の操作 …… 93
41 連単倍率の読み方〜B／S面〜 …… 95
42 連単倍率の読み方〜P／L面〜 …… 96
43 非連結子会社、関連会社を利用した利益操作 …… 98
44 営業権の資産性 …… 99
45 連結上の会計方針の選択 …… 101
46 重要性の原則の利用 …… 114
47 不健全流動資産の内容 …… 118
48 滞留あるいは架空の在庫・債権 …… 118
49 その他の流動資産 …… 121
50 その他の固定資産 …… 123
51 繰延資産 …… 125
52 負債の計上漏れ …… 127
53 売上高の操作 …… 129
54 売上原価の操作 …… 131
55 販売費・一般管理費の操作 …… 133
56 減価償却・引当金の計上不足 …… 135
57 支払利息の操作 …… 136
58 雑収入の操作 …… 139
59 表示上の操作 …… 141
60 会計方針の変更 …… 144
61 税効果会計の利用 …… 146
62 金融商品の時価評価の利用 …… 152
63 退職給付引当金の計上不足 …… 154

64	取得原価主義と時価主義のミックス	155
65	定性的情報の欠如	157
66	会計処理の多様性	158
67	将来予測の困難性	160

第6章 簡単な連結財務諸表の作成 …… 163

68	100％子会社・連結調整勘定のないケース〜B／S〜	163
69	100％子会社・連結調整勘定のないケース〜P／L〜	166
70	100％子会社・連結調整勘定のあるケース〜B／S〜	167
71	100％子会社・連結調整勘定のあるケース〜P／L〜	169
72	60％子会社・連結調整勘定のないケース〜B／S〜	171
73	60％子会社・連結調整勘定のないケース〜P／L〜	173
74	60％子会社・連結調整勘定のあるケース〜B／S〜	174
75	60％子会社・連結調整勘定のあるケース〜P／L〜	176

第7章 中小・個人企業への応用 …… 179

| 76 | 連結の簡便法（貸借対照表） | 179 |
| 77 | 連結の簡便法（損益計算書） | 181 |

第8章 連結財務諸表の分析 …… 183

78	安全性の分析	183
79	収益性の分析	184
80	キャッシュ・フローの分析	187
81	成長性の分析	188

第9章 総合ケーススタディ …… 191

目　次

A社（電気機器メーカー）の事例 …………………………… 192
B社（食品メーカー）の事例 ………………………………… 194
C社（ゲームソフト・出版業）の事例 ……………………… 196
D社（小売業）の事例 ………………………………………… 198

■序章■

連結決算制度とは

　平成12年3月決算からは、上場会社等の決算は連結財務諸表中心となりました。従来は連結情報は補足情報だったのですが、一躍主役に躍り出たのです。企業活動の多様化、複雑化、持株会社等の導入による企業形態の変化に伴い、単体主体の決算では企業の内容がわからなくなってしまったためです。

　例えば、ある会社が持株会社となり、事業部を子会社として独立させたとします。すべての事業を子会社に移管すれば、この会社の貸借対照表は次のようになります。

現金預金	×××	資本金	×××
子会社株式	×××	剰余金	×××
合　計	×××	合　計	×××

　これでは、この会社の財務内容は、全くわかりません。子会社の内容次第でこの会社は優良会社であったり、問題会社であったりするからです。このため、子会社の貸借対照表も親会社のものと合算して、企業グ

ループ全体の姿を見る必要があるのです。

　また、この会社が新たに事業を行い、子会社に原価800万円の商品を1,000万円で売り上げたとします。この場合にこの会社の損益計算書は、次のようになります。

　Ⅰ　売上高　　　1,000万円
　Ⅱ　売上原価　　　800万円
　　　利益　　　　　200万円

　子会社はこの会社に支配されているため、この会社は子会社に対していくらでも商品を売ることができます。ということは、売上高の金額そのものに意味がなくなり、この商品が子会社から第三者に販売されているかどうかが問題になります。

　連結損益計算書では、親会社から子会社へ商品を売っただけでは売上になりません。先の例では、売上高、売上原価ともにゼロ（もちろん利益もゼロ）となります。この会社や子会社からの第三者への売上のみが売上高として損益計算書に表示されます。

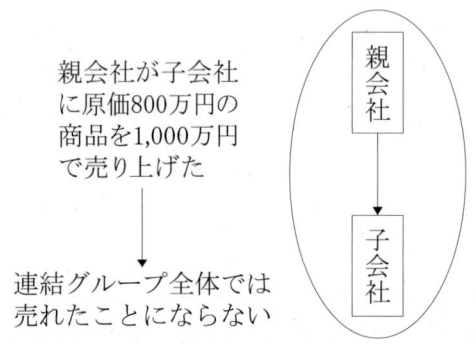

序章　連結決算制度とは

　このように、連結決算において損益計算書は、連結グループ外部との取引のみを表示することになります。したがって、有価証券を子会社に売却することで益出しをしたり、従業員を子会社に出向させて人件費を減らしたとしても、連結損益計算書には全く影響を与えません。むしろ親会社単独の決算と比較して、連結グループ全体の決算内容が悪くなりますから、親会社のツケを子会社にまわしている姿がより鮮明となります。

　なお、連結決算制度は連結貸借対照表と連結損益計算書の他に連結剰余金計算書、連結キャッシュ・フロー計算書を作成することを求めています。

　ただし、これは証券取引法を適用するような大会社についてであり、商法上は連結決算制度は求められていません。

　しかし、平成12年3月決算の日刊紙への商法上の公告において、多くの会社が「ご参考」として連結貸借対照表と連結損益計算書を掲載したように、実質的には連結中心の決算に移行しつつあります。

　また、証券取引法とは関係のない中小企業においてもこの考え方は重要なものになってきています。

　会社を2つ持っているオーナーは、既に見たように相互の会社の取引を通じて売上高や利益をどのようにでもつくることができます。また、会社の資産が乏しくても、個人資産を連結すれば十分な安全性が確保できるかもしれません。本書では、こういった中小企業に対する適用にも紙面を割いています。

　連結財務諸表は、はじめは非常にとっつきにくいものです。ひとつには、連結調整勘定や少数株主持分といった連結決算固有の科目がわかりづらいせいがあると思います。まずこういった連結決算固有の科目の意味を整理してください。それさえできればあとは個別財務諸表と変わり

はありません。
　特に粉飾決算の見分け方の大部分は、個別財務諸表の知識をそのまま適用できます。
　それでは、本論に入っていきましょう。

第1章
連結決算が重要になった背景

　連結財務諸表が近年特に重要となってきた背景には、企業の分社化と本社の持株会社化、会計の国際化等があげられます。これらを簡単にみておきましょう。

1　分社化

①　事業部制の進展

　株式公開企業でだけではなく、中小企業においても現在は**事業部制**が当たり前のようになっています。

　さらに一つの事業部を会社とみなして会計処理を行う**カンパニー制**を導入している企業も増えてきています。カンパニー制においては、各事業部は(内部)資本金を持ち、設備投資や人事権なども各カンパニーが持つことになります。

　ただし、カンパニー制はあくまでも企業内部で擬似的な会社を想定しているものであり、法律上は独自の会社ではありません。

　さらに進んで、事業部を会社として独立させるのがいわゆる**分社化**で

す。この場合には法律上も独自の会社となり、経営責任がより鮮明になります。

分社化が進むと、親会社単独の財務諸表はあまり意味をなさなくなります。そのため、連結財務諸表がより重要となってきています。

② 株式交換・株式移転制度などの法律上の整備

株式交換と株式移転は共に平成11年の商法改正で創設された制度です。**株式交換は既存の会社2社がそれぞれ完全子会社と完全親会社となる制度です（商法第352条）。**

まず、完全子会社となる会社の株主がその株式を完全親会社となる既存の会社に移転させて、その対価として完全親会社となる会社の新株を受け取ることになります。これにより、完全親会社は完全子会社の株式を100％所有し、新株を受け取った株主は完全親会社の株主になります。

株式移転とは、完全親会社を新たに設立する制度です（商法第364条）。

まず、完全子会社となる会社の株主がその株式を新設する完全親会社に移転させて、その対価として完全親会社となる会社の新株を受け取ることになります。これにより、完全親会社は完全子会社の株式を100％所有し、新株を受け取った株主は完全親会社の株主になります。

さらに平成11年度の税制改正によって、株式交換・株式移転によって生じる株式の譲渡については、税務上はそれがなかったものとして扱うことになりました。

株式交換は中小企業の相続対策として、一方の株式移転は大企業の再編に利用されています。

第1章　連結決算が重要になった背景

●分社化のチェックポイント●

❶　事業部制の進展
　・事業部制→カンパニー制→分社化への進展

❷　株式交換・株式移転制度などの法律上の整備
　・株式交換は既存の会社2社がそれぞれ完全子会社と完全親会社となる制度

　・株式移転とは、完全親会社を新たに設立する制度

❸　会社分割などの法律上の整備
　・会社の事業部門を切り離し、新会社を設立する「新設分割」

　・分離した事業部門と既存の別会社を合併させる「吸収分割」

　・これらの制度の利用により多角的な企業編成が可能になり、それと共に連結財務諸表の重要性も高まることになる

③　会社分割などの法律上の整備

　平成12年5月に会社分割制度について、商法改正が行われました。会社分割には会社の事業部門を切り離し、新会社を設立する**「新設分割」**と、分離した事業部門と既存の別会社を合併させる**「吸収分割」**の2つがあります。新設分割は成長が期待できる優良な事業部門を分離独立させるもので、さらに分離する会社の株式を親会社に割り当てる**子会社型分割（物的分割）**と、分離する会社の株式を株主に割り当てる**並列型分割（人的分割）**に分かれます。また、吸収分割は大企業が中小企業

の優良な事業部門を吸収合併することを容易にします。吸収分割にも**子会社型分割（物的分割）**と、**並列型分割（人的分割）**の2つがあります。

　これらの制度の利用により多角的な企業編成が可能になり、それと共に連結財務諸表の重要性も高まることになります。

2　持株会社化

　企業の分社化は、本社の**持株会社化**につながるため、本社の財務諸表だけでは企業活動を知ることはできなくなります。こういった企業形態の変革により、必然的に連結財務諸表が必要とされてきています。

　それでは、持株会社にはどのようなメリットがあるのでしょうか。

①　グループ全体の戦略的経営が可能になる

　持株会社が自ら事業を持たず、グループ経営に専念することでグループ経営の資金・人材・設備等の配置を柔軟かつ戦略的に行うことが可能となります。持株会社はいわばグループ全体のCEO（最高経営責任者）としての業務に特化することができるためです。

②　事業責任の明確化

　持株会社の取締役はグループ経営に責任を負い、子会社の取締役は自社の業績にのみ経営責任を負うことになり、責任の範囲がより明確になります。

③　不採算部門の明確化、撤退の容易化

　事業部制では明確にならなかった不採算部門は、分社化により赤字会

第1章　連結決算が重要になった背景

●持株会社のメリット●

❶　グループ全体の戦略的経営が可能に
❷　事業責任の明確化
❸　不採算部門の明確化、撤退の容易化
❹　意思決定の迅速化
❺　人事の合理化

持株会社への移行や設立が容易となった背景
　➡平成9年の独占禁止法の改正がある
　　＝純粋持株会社が容認された

社となるため、客観的にその存在が明らかになります。これにより、日本企業で最も難しい事業からの撤退が容易になります。

④　意思決定の迅速化

　大企業になればなるほど組織の階層化が進み、稟議書に必要な印鑑の数も増え、意思決定に時間がかかるようになります。分社化は見方を変えれば組織の中小企業化であり、迅速な意思決定が可能となります。

⑤　人事の合理化

　年功序列による組織の硬直化は、分社化によって解決することが可能です。抜擢人事など従来できなかったことも子会社の社長の裁量でできることになります。
　また、優秀な経営者は親会社の経営者に抜擢することも可能になります。

17

持株会社への移行や設立が容易となった背景には、平成9年の**独占禁止法の改正**があります。

従来は、自らも事業を行う**「事業持株会社」**しか認められていませんでしたが、この改正により子会社を管理するのみの**「純粋持株会社」**が認められました（ただし事業支配力が過度に集中する場合は除きます）。

これにより、純粋持株会社への移行や新設に障害がなくなりました。

3　国際化

もう一つの見逃せない動きが国際化です。これには、いわゆる**会計ビッグバンと呼ばれる会計の国際化と世界的な大競争時代の到来**の2つの側面があります。

会計制度も国際化・グローバル化、いわゆる**グローバル・スタンダードの導入**が急速に進んでいます。国際的には、先進国では連結財務諸表が中心となっており、個別財務諸表を中心にしているのは先進国では日本だけという状況でした。

有価証券報告書が連結財務諸表中心になることで、国際的に見て遜色のない財務諸表の体系となりました。さらに親会社単独の財務諸表も補足情報として開示されることから、親会社が子会社等を利用して無理な利益を上げていないかどうかも判断可能です。

ただし、後述するように**一切の粉飾が不可能となったわけではなく、その内容の吟味には依然として注意が必要**です。

世界的な大競争時代の到来も連結中心決算の引き金となっています。製造業では、海外の現地生産、現地販売が当たり前になっています。また、インターネットを利用して世界中の会社と取引することが可能になりました。

第1章　連結決算が重要になった背景

●会計制度の国際化●

グローバル・スタンダードの導入
➡国際的に見て遜色のない財務諸表の体系に!!

↓

世界的な大競争時代の到来
➡取引が世界規模で行われる
➡連結決算を行わないと実態がつかめない

　取引が世界規模で行われるにつれて、海外との取引や海外子会社の占めるウェイトが大きくなり、連結決算を行わないと実態がつかめなくなってきたのです。

第2章

連結財務諸表

4 連結貸借対照表（連結B／S）とは

　連結貸借対照表の様式は「連結財務諸表規則様式第四号」に定められており、次のようになります。

　個別財務諸表との大きな相違点は、無形固定資産と固定負債の部に『**連結調整勘定**』(75頁参照) の記載があること、負債の部と資本の部の間に『**少数株主持分**』(80頁参照) の記載があること、資本の部が資本金、資本準備金及び**連結剰余金** (83頁参照) に分かれていることなどがあげられます。

様式第四号

連結貸借対照表
平成×年×月×日

資 産 の 部

Ⅰ　流動資産
　　　現金及び預金　　　　　　　　　　　　　　×××
　　　受取手形及び売掛金　　　　　×××
　　　　貸倒引当金　　　　　　　　×××　×××
　　　有価証券　　　　　　　　　　　　　　　　×××
　　　たな卸資産　　　　　　　　　　　　　　　×××
　　　繰延税金資産　　　　　　　　　　　　　　×××
　　　その　他　　　　　　　　　　　　　　　　×××
　　　　流動資産合計　　　　　　　　　　　　　　　　×××
Ⅱ　固定資産
　1　有形固定資産
　　　建物及び構築物　　　　　　　×××
　　　　減価償却累計額　　　　　　×××　×××
　　　機械装置及び運搬具　　　　　×××
　　　　減価償却累計額　　　　　　×××　×××
　　　土　　地　　　　　　　　　　×××
　　　建設仮勘定　　　　　　　　　×××
　　　その　他　　　　　　　　　　×××
　　　　減価償却累計額　　　　　　×××　×××
　　　　有形固定資産合計　　　　　　　　×××
　2　無形固定資産
　　　営業権　　　　　　　　　　　　　　　×××
　　　連結調整勘定　　　　　　　　　　　　×××
　　　その　他　　　　　　　　　　　　　　×××
　　　　無形固定資産合計　　　　　　　　　×××
　3　投資その他の資産
　　　投資有価証券　　　　　　　　　　　　×××
　　　長期貸付金　　　　　　　　　×××
　　　　貸倒引当金　　　　　　　　×××　×××
　　　繰延税金資産　　　　　　　　　　　　×××
　　　その　他　　　　　　　　　　　　　　×××
　　　　投資その他の資産合計　　　　　　　×××
　　　　　固定資産合計　　　　　　　　　　　　×××
Ⅲ　繰延資産
　　　創立費　　　　　　　　　　　　　　　×××
　　　開業費　　　　　　　　　　　　　　　×××

第 2 章　連結財務諸表

```
            新株発行費                        ×××
            社債発行費                        ×××
            社債発行差金                      ×××
            開発費                            ×××
            建設利息                          ×××
                繰延資産合計                          ×××
                資産合計                              ×××
```

負　債　の　部

Ⅰ　流動負債
```
            支払手形及び買掛金                ×××
            短期借入金                        ×××
            未払法人税等                      ×××
            繰延税金負債                      ×××
            引　当　金
                製品保証引当金        ×××
                賞与引当金            ×××
                …………                ×××    ×××
                その他                        ×××
                流動負債合計                          ×××
```
Ⅱ　固定負債
```
            社　　債                          ×××
            長期借入金                        ×××
            繰延税金負債                      ×××
            引　当　金
                退職給与引当金        ×××
                …………                ×××
                連結調整勘定                  ×××
                その他                        ×××
                固定負債合計                          ×××
                負債合計                              ×××
```

少数株主持分

少数株主持分   ×××

資　本　の　部

Ⅰ　資本金   ×××
Ⅱ　資本準備金   ×××
Ⅲ　連結剰余金   ×××
　　　　資本合計   ×××
　　　　負債、少数株主持分及び資本合計   ×××

5 連結損益計算書（連結P／L）とは

それは、
①連結損益計算書の様式は「連結財務諸表規則様式第五号」に定められており、次のようになります。
　個別財務諸表との大きな相違点は以下のようなことです。
『連結調整勘定償却額』(85頁参照)が営業外収益に記載されていること（固定負債に記載された連結調整勘定の償却額は営業外収益に、無形固定資産に記載された連結調整勘定の償却額は一般管理費に表示されます）
②**『持分法による投資利益または投資損失』**(90頁参照)が営業外損益に記載されていること
③**『少数株主利益または損失』**(86頁参照)が当期純利益の直前に記載されていることなどがあげられます。

第2章　連結財務諸表

様式第五号

連結損益計算書
自　平成×年×月×日　　至　平成×年×月×日

Ⅰ	売上高		×××
Ⅱ	売上原価		×××
	売上総利益（または売上総損失）		×××
Ⅲ	販売費及び一般管理費		
	………………	×××	
	………………	×××	
	………………	×××	×××
	営業利益（または営業損失）		×××
Ⅳ	営業外収益		
	受取利息	×××	
	受取配当金	×××	
	有価証券売却益	×××	
	連結調整勘定償却額	×××	
	持分法による投資利益	×××	
	………………	×××	
	………………	×××	×××
Ⅴ	営業外費用		
	支払利息	×××	
	有価証券売却損	×××	
	持分法による投資損失	×××	
	………………	×××	
	………………	×××	×××
	経常利益（または経常損失）		×××
Ⅵ	特別利益		
	前期損益修正益	×××	
	固定資産売却益	×××	
	………………	×××	
	………………	×××	×××
Ⅶ	特別損失		
	前期損益修正損	×××	
	固定資産売却損	×××	
	災害による損失	×××	
	………………	×××	
	………………	×××	×××
	税金等調整前当期純利益（または税金等調整前当期純損失）		×××
	法人税、住民税及び事業税	×××	
	法人税等調整額	×××	×××
	少数株主利益（または少数株主損失）		×××
	当期純利益（または当期純損失）		×××

25

6 連結剰余金計算書(連結S/S；Surplus Statement)とは

　連結剰余金計算書の様式は連結財務諸表規則様式第六号に定められており、次のようになっています。

様式第六号

連結剰余金計算書
自　平成×年×月×日　至　平成×年×月×日

Ⅰ　連結剰余金期首残高		
（または欠損金期首残高）		×××
Ⅱ　連結剰余金増加高		
（または欠損金減少高）		
………………	×××	
………………	×××	×××
Ⅲ　連結剰余金減少高		
（または欠損金増加高）		
配当金	×××	
役員賞与	×××	
資本金	×××	
………………	×××	
………………	×××	×××
Ⅳ　当期純利益（または当期純損失）		×××
Ⅴ　連結剰余金期末残高		
（または欠損金期末残高）		×××

　個別財務諸表との大きな相違点は、『**連結剰余金**』(83頁参照)の増減変化を表わすものであること、そのために『**連結剰余金期首残高**』から始まり、『**連結剰余金増加高**』(当期純利益による増加を除く)、『**連結剰余金減少高**』、『**当期純利益**』を記載してその計算結果として『**連結剰余金期末残高**』を表示している点にあります。

第2章 連結財務諸表

3つの財務諸表の関係

連結貸借対照表、連結損益計算書、連結剰余金計算書は以下のようにつながっています。

連結財務諸表の種類

① **連結貸借対照表**（連結B／S）
② **連結損益計算書**（連結P／L）
③ **連結剰余金計算書**（連結S／S：Surplus Statement）

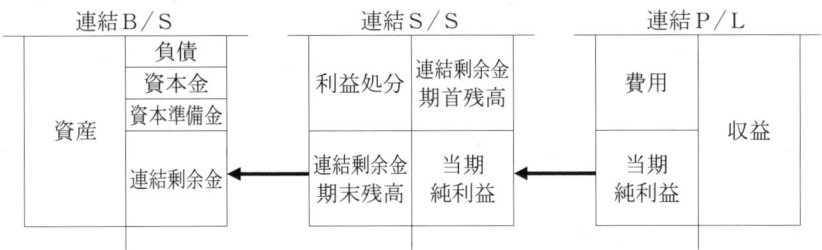

まず、連結損益計算書で『**当期純利益**』が計算され、それが連結剰余金計算書の貸方に振り替えられます。連結剰余金計算書は貸借対照表の『**連結剰余金**』の増減を表わします。

連結剰余金とは連結上の留保利益を意味し、利益準備金、任意積立金、及び当期未処分利益を合わせたものです。

連結剰余金計算書は、利益処分による連結剰余金の減少と当期純利益による増加を記載することで、『**連結剰余金期末残高**』を表示します（連結剰余金増加額は省略）。

連結剰余金計算書で求められた連結剰余金期末残高は、貸借対照表の

貸方へ『連結剰余金』として振り替えられます。

つまり、**連結損益計算書、連結剰余金計算書、連結貸借対照表の順に振り替えられていく**ことになります。

なお、連結キャッシュ・フロー計算書はこの体系とは別に作成されます。

8 連結キャッシュ・フロー計算書導入の背景

連結キャッシュ・フロー計算書の様式は連結財務諸表規則様式第七号（直接法）および様式第八号（間接法）に定められているとおりです。

平成12年3月期からの連結財務諸表を中心とした企業内容開示制度は、**連結貸借対照表、連結損益計算書、連結剰余金計算書**に加えて、**連結キャッシュ・フロー計算書**を含めた**4つの財務諸表の体系**から成り立っています。

連結キャッシュ・フロー計算書導入の背景には、**会計制度のグローバル化**によって**国際会計基準やアメリカの会計基準との整合性**を図る必要があったことは前述のとおりです。

もう一つの大きな理由としては、損益計算書において計上される利益が、いわゆる益出し等によって操作されており、企業業績を正しく表わさなくなっているケースが多いことによります。これに対して、キャッシュ・フローについては、**その金額の客観性に特徴がある**といわれています。

例えば、1,000万円の機械設備を購入した場合、損益計算に影響を与えるのは減価償却費ですが、その計算方法には、定額法、定率法等の様々な方法があり、どれを採用するかによって利益の金額は大きく異なります。一方、キャッシュ・フローの計算上は、機械設備の取得時に1,000万

第 2 章　連結財務諸表

様式第七号

連結キャッシュ・フロー計算書

自　平成×年×月×日　　至　平成×年×月×日

Ⅰ　営業活動によるキャッシュ・フロー
- 営業収入 　　　　　　　　　　　　　　　　　×××
- 原材料または商品の仕入れによる支出　　　　 －×××
- 人件費の支出　　　　　　　　　　　　　　　 －×××
- その他の営業支出　　　　　　　　　　　　　 －×××
-   　小計　　　　　　　　　　　　　　　　　　×××
- 利息及び配当金の受取額　　　　　　　　　　 　×××
- 利息の支払額　　　　　　　　　　　　　　　 －×××
- 損害賠償金の支払額　　　　　　　　　　　　 －×××
- ………　　　　　　　　　　　　　　　　　　　×××
- 法人税等の支払額　　　　　　　　　　　　　 －×××
- 営業活動によるキャッシュ・フロー　　　　　 　×××

Ⅱ　投資活動によるキャッシュ・フロー
- 有価証券の取得による支出　　　　　　　　　 －×××
- 有価証券の売却による収入　　　　　　　　　 　×××
- 有価固定資産の取得による支出　　　　　　　 －×××
- 有価固定資産の売却による収入　　　　　　　 　×××
- 投資有価証券の取得による支出　　　　　　　 －×××
- 投資有価証券の売却による収入　　　　　　　 　×××
- 連結の範囲の変更を伴う子会社株式の取得による支出 －×××
- 連結の範囲の変更を伴う子会社株式の売却による収入 　×××
- 貸付けによる支出　　　　　　　　　　　　　 －×××
- 貸付金の回収による収入　　　　　　　　　　 　×××
- ………　　　　　　　　　　　　　　　　　　　×××
- 投資活動によるキャッシュ・フロー　　　　　 　×××

Ⅲ　財務活動によるキャッシュ・フロー
- 短期借入れによる収入　　　　　　　　　　　 　×××
- 短期借入金の返済による支出　　　　　　　　 －×××
- 長期借入れによる収入　　　　　　　　　　　 　×××
- 長期借入金の返済による支出　　　　　　　　 －×××
- 社債の発行による収入　　　　　　　　　　　 　×××
- 社債の償還による支出　　　　　　　　　　　 －×××
- 株式の発行による収入　　　　　　　　　　　 　×××
- 自己株式の取得による支出　　　　　　　　　 －×××
- 配当金の支払額　　　　　　　　　　　　　　 －×××
- 少数株主への配当金の支払額　　　　　　　　 －×××
- ………　　　　　　　　　　　　　　　　　　　×××
- 財務活動によるキャッシュ・フロー　　　　　 　×××

Ⅳ　現金及び現金同等物に係る換算差額　　　　　 　×××
Ⅴ　現金及び現金同等物の増加額（または減少額）　×××
Ⅵ　現金及び現金同等物の期首残高　　　　　　　 　×××
Ⅶ　現金及び現金同等物の期末残高　　　　　　　 　×××

29

様式第八号

連結キャッシュ・フロー計算書
自　平成×年×月×日　至　平成×年×月×日

I	営業活動によるキャッシュ・フロー	
	税金等調整前当期純利益（または税金等調整前当期純損失）	×××
	減価償却費	×××
	連結調整勘定償却額	×××
	貸倒引当金の増加額	×××
	受取利息及び受取配当金	－×××
	支払利息	×××
	為替差損	×××
	持分法による投資利益	－×××
	有形固定資産売却益	－×××
	損害賠償損失	×××
	売上債権の増加額	－×××
	たな卸資産の減少額	×××
	仕入債務の減少額	－×××
	…………	×××
	小計	×××
	利息及び配当金の受取額	×××
	利息の支払額	－×××
	損害賠償金の支払額	－×××
	…………	×××
	法人税等の支払額	－×××
	営業活動によるキャッシュ・フロー	×××
II	投資活動によるキャッシュ・フロー	
	有価証券の取得による支出	－×××
	有価証券の売却による収入	×××
	有形固定資産の取得による支出	－×××
	有形固定資産の売却による収入	×××
	投資有価証券の取得による支出	－×××
	投資有価証券の売却による収入	×××
	連結の範囲の変更を伴う子会社株式の取得による支出	－×××
	連結の範囲の変更を伴う子会社株式の売却による収入	×××
	貸付けによる支出	－×××
	貸付金の回収による収入	×××
	…………	×××
	投資活動によるキャッシュ・フロー	×××
IV	現金及び現金同等物に係る換算差額	×××
V	現金及び現金同等物の増加額（または減少額）	×××
VI	現金及び現金同等物の期首残高	×××
VII	現金及び現金同等物の期末残高	×××

第 2 章　連結財務諸表

●連結財務諸表を中心とした企業内容開示制度●

　＝連結貸借対照表、連結損益計算書、連結剰余金計算書に加えて、連結キャッシュ・フロー計算書を含めた 4 つの財務諸表の体系

〈連結キャッシュ・フロー計算書導入の背景〉
　会計制度のグローバル化国際会計基準やアメリカの会計基準との整合性

・キャッシュ・フローについては、その金額の客観性に特徴があるといわれている
　＝「利益は意見、キャッシュは事実」

・ただし、キャッシュ・フローも意図的に増減させることができるということを知っておく必要がある
・また、勘定あって銭足らずというように資金ショートにより経営が行き詰まるケースもある

・キャッシュ・フロー計算書は損益計算に対するバック・ミラーの役割を果たす

円の支出が計上されるのみで、その後の減価償却はキャッシュ・フローに影響を与えません。
　このことから、「利益は意見、キャッシュは事実」という言葉が生れました。利益は主観的なものですが、キャッシュは客観性が強いという意味です。
　ただし、キャッシュ・フローはその操作が不可能であるという

わけではありません。

　利益を嵩上げする手段として、有価証券の売却による益出し操作があげられますが、この操作は同時に投資活動によるキャッシュ・フローを一時的に増やすことになります。

　また、仕入債務の支払いを意図的に引き延ばせば、営業活動によるキャッシュ・フローを増大させることもできます。このように**キャッシュ・フローも意図的に増減させることができる**ということを知っておく必要があります。

　また、「**勘定あって、銭足らず**」といわれるように、利益が計上されていても資金不足で会社経営が行き詰まるケースもあります。

　簡単な例としては、売上がすべて掛売上で、その入金日の前に買掛金の支払日が来てしまえば、支払う原資がないといったことがありえます。

　キャッシュ・フロー計算書は、こういった資金状況を表わす役割を持ち、損益計算に対するバック・ミラーの役割を果たします。

9　資金の範囲について

　連結キャッシュ・フロー計算書では、資金の範囲は「**現金及び現金同等物**」となっています。

①　現金について

　現金とは、**手許現金及び要求払預金**をいいます。

　ここでいう要求払預金とは、例えば普通預金、当座預金、通知預金が含まれ、預入期間の定めのある定期性預金はこれに該当しません。

②　現金同等物について

現金同等物とは、容易に換金可能であり、かつ、価値の変動について僅少なリスクしか負わない短期投資をいいます。

現金同等物は、この**容易な換金可能性**と**僅少な価値変動リスク**の要件をともに満たす必要があり、市場性のある有価証券は、価値変動のリスクが僅少とはいえないため、現金同等物に含まれません。この点が従来の資金収支表と大きく異なるところです。

現金同等物の例としては、取得日から満期日または償還日までの期間が3カ月以内の短期投資である定期性預金、譲渡性預金、コマーシャルペーパー、売戻し条件付き現先および公社債投資信託等があげられます。

③ 資金の範囲の決定

資金の範囲に何を含めるかについては、各企業の資金管理活動により異なることが予想されるため、最終的には**経営者がその内容を決定**することになります。

このため、資金の範囲に含めた現金及び現金同等物の内容については、**会計方針として注記する**とともに、その期末残高と貸借対照表上の科目別残高との関連に調整が必要な場合には、その調整を注記します。

また、資金の範囲には**継続性**が求められ、正当な理由なしには変更することはできません。変更する場合には、その旨、その理由及び影響額の注記が必要になります。

資金の範囲を拡大するような変更があった場合には、キャッシュ・フローを大きく見せることになるため、注記により変更前に修正した上で前期比較を行うことが必要になります。

④ キャッシュ・フロー

キャッシュ・フローとは、資金の範囲に含められた現金及び現

●資金の範囲とキャッシュ・フロー●

・資金の範囲は「現金及び現金同等物」

・現金とは、手許現金及び要求払預金をいう

・現金同等物は、容易な換金可能性と僅少な価値変動リスクの要件をともに満たすもの

・資金の範囲は経営者がその内容を決定
　➡会計方針として注記

・キャッシュ・フローとは、資金の範囲に含められた現金及び現金同等物の増加または減少を意味する

金同等物の増加または減少を意味します。したがって、資金の増減を伴わない交換取引（資金でない項目間の取引）等は、キャッシュ・フロー計算書には記載されません。また、当座預金から普通預金への預け替えのように、資金相互間の取引もキャッシュ・フロー計算書には記載されません。

10 営業活動によるキャッシュ・フロー

　連結キャッシュ・フロー計算書は、「営業活動によるキャッシュフロー」、「投資活動によるキャッシュ・フロー」、「財務活動によるキャッシュ・フロー」の3つの計算区分に分かれています。

このうち、「営業活動によるキャッシュ・フロー」の区分には、**直接法**と**間接法**の２つの表示方法があります。ただし、実務的にはほとんどの企業が間接法によるものと思われます。なお、両者の計算過程は異なりますが、結論としての金額そのものはどちらの方法によっても同じになります。

また、ここでいう**「営業活動」とは、損益計算書における営業外損益や特別損益、法人税等やさらには役員賞与の支払い等を含んだもの**であり、営業利益の「営業」とはその範囲が異なる点に注意しなければなりません。

この「営業活動によるキャッシュ・フロー」の区分は、**企業が外部からの資金調達に頼ることなく、営業能力を維持し、新規投資を行い、借入金を返済し、配当金を支払うために、どの程度の資金を主たる営業活動から獲得したかを示す主要な情報**となります。

この区分には、次の３つのものが記載されます。

①　営業損益計算の対象となった取引にかかるキャッシュ・フロー

これは、「商品及び役務の販売による収入、商品及び役務の購入による支出」を意味し、具体的には売上高、売上原価、販売費及び一般管理費に含まれる取引にかかるキャッシュ・フローを記載します。

②　営業活動にかかる債権・債務から生ずるキャッシュ・フロー

営業活動により取得した手形の割引による収入、営業債権のファクタリングによる収入等もこの区分に表示されます。

③　投資活動及び財務活動以外の取引によるキャッシュ・フロー

●連結キャッシュ・フロー計算書のチェックポイント●

連結キャッシュ・フロー計算書
・「営業活動によるキャッシュフロー」
・「投資活動によるキャッシュ・フロー」 ３つの計算区分に
・「財務活動によるキャッシュ・フロー」 分かれて表示される
・「営業活動によるキャッシュ・フロー」の区分には、直接法と間接法の２種類の表示方法がある
・「営業活動」とは、損益計算書における営業外損益や特別損益、法人税等や役員賞与の支い等を含んだもの
　➡営業利益の「営業」とはその範囲が異なる点に注意

・この区分には次の３つが記載される
❶　営業損益計算の対象となった取引にかかるキャッシュ・フロー
❷　営業活動にかかる債権・債務から生ずるキャッシュ・フロー
❸　投資活動及び財務活動以外の取引によるキャッシュ・フロー

　災害による保険金収入、損害賠償金の支払い、巨額の特別退職金の支給、取引先への前渡金や営業保証金の支出、取引先からの前受金や営業保証金の収入等がこれに該当します。

11 直接法の場合の表示内容

　連結キャッシュ・フロー計算書の直接法による様式「連結財務諸表規則様式第七号」を再掲すると次のようになります。

様式第七号

連結キャッシュ・フロー計算書
自 平成×年×月×日 至 平成×年×月×日

Ⅰ 営業活動によるキャッシュ・フロー
  営業収入 　　　　　　　　　　　　　　　　×××
  原材料または商品の仕入れによる支出 　　－×××
  人件費の支出 　　　　　　　　　　　　　－×××
  その他の営業支出 　　　　　　　　　　　－×××
   小計 　　　　　　　　　　　　　　　×××
  利息及び配当金の受取額 　　　　　　　　　×××
  利息の支払額 　　　　　　　　　　　　　－×××
  損害賠償金の支払額 　　　　　　　　　　－×××
  ……………… 　　　　　　　　　　　　　　×××
  法人税等の支払額 　　　　　　　　　　　－×××
  営業活動によるキャッシュ・フロー 　　　　×××

ここでは、収益・費用ではなく、収入・支出が表示されます。

例えば**営業収入は現金主義で認識される売上債権の回収高（資金の増加高）**であり、実現主義の原則に基づく売上高とは異なります（下図参照）。

売上債権

期首残高	売上債権の回収高
売上高	期末残高

営業収入＝売上債権の回収高
  ＝売上債権期首残高＋売上高－売上債権期末残高
（前受金があれば、売上債権からマイナスして考える）

●直接法の場合の表示内容●

・営業収入は現金主義で認識される売上債権の回収高（資金の増加高）

・原材料または商品の仕入による支出以下の支出も同様に現金主義での支出額（資金の減少高）

・直接法による営業活動によるキャッシュ・フローの区分は、損益計算書を現金主義で作成したものとおおよそ一致

　原材料または商品の仕入による支出以下の支出も同様に現金主義での支出額であり、資金の減少高を意味します。要するに**直接法による営業活動によるキャッシュ・フローの区分は、損益計算書を現金主義で作成したものとおおよそ一致**します。

12　損益計算書との関係

　直接法によるキャッシュ・フロー計算書の営業活動によるキャッシュ・フローは、**基本的には損益計算書を現金主義で作成したものとおおよそ一致**しました。
　ただし、以下の点等は損益計算書と取り扱いが異なるので注意が必要です。
① 役員賞与については、損益計算書には記載されませんが「従業員及び役員に対する報酬の支出」に含めて表示します。
② 受取利息、受取配当金及び支払利息は「営業活動によるキャッシ

●損益計算書との関係●

・直接法によるキャッシュ・フロー計算書の営業活動によるキャッシュ・フローは、基本的には損益計算書を現金主義で作成したものとおおよそ一致
例外：❶役員賞与
　　　❷受取利息及び受取配当金を「投資活動によるキャッシュ・フロー」の区分に、支払利息を「財務活動によるキャッシュ・フロー」の区分に表示した場合　等

・「営業活動によるキャッシュ・フロー」の区分の小計と営業利益を比較することで営業利益の『質』を判定できる

ュ・フロー」の区分に記載する方法に替えて、**受取利息及び受取配当金を「投資活動によるキャッシュ・フロー」の区分に、支払利息を「財務活動によるキャッシュ・フロー」の区分に表示する**ことができます。このため、いずれの方法を選択したのかの確認が必要です。なお、支払配当金はいずれの場合でも「財務活動によるキャッシュ・フロー」の区分に表示します。

直接法による「営業活動によるキャッシュ・フロー」の区分の**小計**までは、上記①の例外的取扱いをのぞいて、現金主義での営業利益に相当します。したがって、この金額と損益計算書の営業利益を比較することにより、**営業利益の『質』**を判定することが**可能**です。

すなわち、**営業利益よりもこの小計が大幅に少なければ、キャッシュ・フローを伴わない利益、例えば期末近くの押し込み販売による利益が計上されている可能性があります。

13 当期利益と営業活動によるキャッシュ・フローとの違い

12「損益計算書との関係」で見た役員賞与と受取利息、受取配当金、及び支払利息や後述する有価証券売却損益、固定資産売却損益等についての例外的取扱いを除いて、**当期利益と営業活動によるキャッシュ・フローとの違いは広義の発生主義と現金主義との違い**です（広義の発生主義とは、収益の認識における実現主義と費用の認識における発生主義を含んだものです）。

当期利益と営業活動によるキャッシュ・フローを比較することで、損益計算と収支計算の相違を確かめることが可能になります。

例えば、掛売上により当期利益は増加しますが、営業活動によるキャッシュ・フローは（直接法によっても、間接法によっても）増加しません。また、多額の減価償却費や引当金繰入額は当期利益を減少させますが、キャッシュ・フローの計算上はそれがないものとして取り扱われます。

このことから、

当期利益＜営業活動によるキャッシュ・フローであれば利益抑制型の優良企業であるのに対して、

当期利益＞営業活動によるキャッシュ・フローであれば利益捻出型の問題企業であるという一応の推定が可能です。

優良企業はキャッシュ・フローを重視し、利益の計上はなるべくこれを抑えようとするからであり、問題企業はキャッシュを伴わなくても利益を計上しようとするからです。しかし、一方で後述するようにその内容の検討も忘れてはなりません。

第2章　連結財務諸表

● 当期利益と営業活動によるキャッシュ・フローとの違い

・当期利益と営業活動によるキャッシュ・フローとの違いは広義の発生主義と現金主義との違い
（広義の発生主義とは、収益の認識における実現主義と費用の認識における発生主義を含む）

・当期利益＜営業活動によるキャッシュ・フローであれば利益抑制型の優良企業
・当期利益＞営業活動によるキャッシュ・フローであれば利益捻出型の問題企業の一応の推定が可能

14 間接法の場合の表示内容

　連結キャッシュ・フロー計算書の間接法による様式連結財務諸表規則様式第八号を再掲すると次頁のようになります。
　間接法では、連結損益計算書の税金等調整前当期純利益から、営業活動によるキャッシュ・フローを導いていきます。減価償却費、連結調整勘定償却額、貸倒引当金の増加額は、それが支出を伴わない費用であるにもかかわらず、損益計算のプロセスの中でマイナスされてしまっているので、それを取り消すために税金等調整前等当期純利益にプラスされます。
　また、有形固定資産や有価証券、投資有価証券の売却損益があれば、それをこの区分で取り消した上で、それらの売却収入として「投資活動によるキャッシュ・フロー」の区分に表示します。
　さらに、**売上債権の増加額、棚卸資産の増加額及び仕入債務の**

様式第八号

連結キャッシュ・フロー計算書
自 平成×年×月×日 至 平成×年×月×日

I 営業活動によるキャッシュ・フロー
　　　税金等調整前当期純利益（または税金等調整前当期純損失）　×××
　　　減価償却費　　　　　　　　　　　　　　　　　×××
　　　連結調整勘定償却額　　　　　　　　　　　　　×××
　　　貸倒引当金の増加額　　　　　　　　　　　　　×××
　　　受取利息及び受取配当金　　　　　　　　　　　－×××
　　　支払利息　　　　　　　　　　　　　　　　　　×××
　　　為替差損　　　　　　　　　　　　　　　　　　×××
　　　持分法による投資利益　　　　　　　　　　　　－×××
　　　有形固定資産売却益　　　　　　　　　　　　　－×××
　　　損害賠償損失　　　　　　　　　　　　　　　　×××
　　　売上債権の増加額　　　　　　　　　　　　　　－×××
　　　たな卸資産の減少額　　　　　　　　　　　　　×××
　　　仕入債務の減少額　　　　　　　　　　　　　　－×××
　　　……………
　　　　　　小計　　　　　　　　　　　　　　　　　×××
　　　利息及び配当金の受取額　　　　　　　　　　　×××
　　　利息の支払額　　　　　　　　　　　　　　　　－×××
　　　損害賠償金の支払額　　　　　　　　　　　　　－×××
　　　……………　　　　　　　　　　　　　　　　　×××
　　　法人税等の支払額　　　　　　　　　　　　　　－×××
　　　営業活動によるキャッシュ・フロー　　　　　　×××

減少額等を調整してキャッシュ・フローを導き出します。

　決算支出の中でも、役員賞与は営業活動として扱い、配当金の支払いは財務活動として扱うことになっています。

　営業活動によるキャッシュ・フローは、単にプラスであれば良、マイナスであれば不良と即断することはできません。プラスの場合であっても仕入債務の支払遅延によってプラス化しているケースもあり、マイナスであっても事業が急成長しているケースがあるからで

第2章　連結財務諸表

●間接法の場合の表示の内容●

・間接法では、連結損益計算書の税金等調整前当期純利益に、減価償却費等の支出を伴わない費用を加え、売上債権の増加額、棚卸資産の増加額及び仕入債務の減少額等を調整して営業活動によるキャッシュ・フローを導き出す

・営業活動によるキャッシュ・フローは、単にプラスであれば良、マイナスであれば不良と即断することはできない

・事業の急成長時には、一時的に売上債権や棚卸資産が急増し、それがキャッシュ・フローを圧迫することがあるが、それを除いては営業活動によるキャッシュ・フローのマイナスは、危険な状態といえる

す。したがって、その内容の方が重要です。売上債権・棚卸資産や、仕入債務の回転期間分析が必要になります。

　ただし、**事業の急成長時には、一時的に売上債権や棚卸資産が急増し、それがキャッシュ・フローを圧迫することがありますが、それを除いては営業活動によるキャッシュ・フローのマイナスは、危険な状態といえます。**

15　減価償却費、引当金増加額等がなぜ表示されるのか

　営業活動によるキャッシュ・フローの区分では、減価償却費等は、それが**支出を伴わない費用**であるにもかからず、損益計算のプロセスの中でマイナスされてしまっているので、それを取り消すために税金等調

43

整前等当期純利益にプラスされました。ここでは、その内容をもう少し掘り下げて見ていきます。

支出を伴わない費用として、税金等調整前当期純利益にプラスされる項目としては、以下のものがあげられます。
① 減価償却費
② 有形固定資産除却損
③ 繰延資産償却額
④ 連結調整勘定（借方）償却額
⑤ 貸倒引当金の増加額
⑥ 退職給与引当金の増加額等

それでは、これらがなぜキャッシュ・フローを計算する際にプラスするのかを設例で確かめてみましょう。

【設例】
　当期の取引は、現金売上1,000万円、現金仕入600万円、減価償却費300万円のみであった。なお、税金や利益処分は考慮しない。

損益計算書
Ⅰ　売上高　　　　　　　1,000万円
Ⅱ　売上原価　　　　　　　600
　　売上総利益　　　　　　400
Ⅲ　販売費及び一般管理費　　300
　　当期利益　　　　　　　100万円

　一方、キャッシュ・フローは売上収入1,000万円－仕入支出600万円＝400万円

第2章　連結財務諸表

●減価償却費等の考え方●

・当期利益からキャッシュ・フローを求めるには、逆に減価償却前に戻る必要がある
・減価償却費の金額によってキャッシュ・フローは変化しない
・決算整理仕訳はキャッシュ・フローに影響を与えない
・減価償却費等の支出を伴わない費用の金額は（その節税効果を除いて）、キャッシュ・フローには影響を与えないが、利益を抑制する効果がある
　➡企業の本当の業績を知るには、その大小や増減に注意すればよい
　➡これが大きいあるいは増加している場合は利益抑制型の優良企業、逆の場合は利益捻出型の問題企業

　つまり、キャッシュ・フローの計算は減価償却費を考慮しないところで行われるため、**当期利益からキャッシュ・フローを求めるには、逆に減価償却前に戻る必要がある**ことになります。

キャッシュ・フロー＝当期利益100万円＋減価償却費300万円＝400万円

　減価償却費の節税効果を無視すれば、**減価償却費の金額によってキャッシュ・フローは変化しない**わけです。これと同じことが他の支出を伴わない費用についてもいえます。
　さらに、キャッシュ・フローを理解する上では、**決算整理仕訳はキャッシュ・フローに影響を与えない点が大きなポイント**になります。決算整理仕訳は一般に期中の現金主義的経理を発生主義に修正するために行われます。したがって、決算整理前の状態に戻ることでキャッシュ・フローが計算可能になるわけです。

これはこの区分の中で、例えば持分法による投資損益の取消しや、為替換算損益の取消しが必要となる理由でもあります(取消しの対象となる為替換算損益の範囲については後述)。

　減価償却費等の支出を伴わない費用の金額は(その節税効果を除いて)、キャッシュ・フローには影響を与えませんが、利益を抑制する効果があります。このことから、企業の本当の業績を知るには、その大小や増減に注意すればよいことがわかります。

　支払を伴わない費用が大きいあるいは増加している場合は利益抑制型の優良企業、逆の場合は利益捻出型の問題企業であるといえます。

16　棚卸資産の評価損が表示されない理由

　棚卸資産の評価損も、支出を伴わない費用といわれています。しかし、「営業活動によるキャッシュ・フロー」の区分ではその加算を行わないことになっています。

　これは、棚卸資産の増加高(あるいは減少高)を計算する際に評価損計上後の金額をもとに前期比較を行い、その増加高(あるいは減少高)を求めるために、その計算過程の中で評価損は考慮済みとなるためです。

　このように、**営業活動にかかる資産・負債に関連して発生した非資金損益は、これを調整しない**ことになっています。棚卸資産の評価損以外にも、以下のものはこれと同様に取り扱われます。

　① 　売上債権の貸倒損失、為替換算損益
　② 　棚卸資産の除却損、廃棄損
　③ 　仕入債務の為替換算損益

　一方、調整が必要となる非資金損益は以下のようになります。

第2章　連結財務諸表

●非資産損金のうち調整不要のもの●

・営業活動にかかる資産・負債に関連して発生した以下の非資金損益は、「営業活動によるキャッシュ・フローの部」においてこれを調整しない

❶　売上債権の貸倒損失、為替換算損益
❷　棚卸資産の評価損、除却損、廃棄損
❸　仕入債務の為替換算損益

① 　有価証券及び投資有価証券の評価損、為替換算損益
② 　貸付金の為替換算損益
③ 　有形固定資産及び無形固定資産の減価償却費、除却損
④ 　各種引当金の増加額
⑤ 　連結調整勘定の償却額
⑥ 　持分法による投資損益
⑦ 　税効果会計を適用した際の繰延税金資産・負債の増加額（資産の増加の場合はマイナス調整、負債の増加の場合はプラス調整）

　なお、有価証券・投資有価証券・有形固定資産・無形固定資産の売却損益及び社債の償還損益はこれを「営業活動によるキャッシュ・フローの部」で取り消した上で、「投資活動によるキャッシュ・フローの部」において売却または償還収入・支出として表示します。

17　受取利息・受取配当金の表示方法

　受取利息・受取配当金は、原則的表示方法では「営業活動のキャッシ

● 受取利息・受取配当金の表示方法 ●

・受取利息・受取配当金は、原則的表示方法では「営業活動のキャッシュ・フロー」の区分に表示される

・その表示は、小計までの計算過程の中で損益計算書に記載された発生主義に基づく金額を取り消し、小計以下で現金主義に基づく収入金額を加算する

・取り消された金額＞加算された金額であり、その差が大きければ不良債権の存在を推定することができる

ュ・フロー」の区分に表示されます。その表示は、**小計までの計算過程の中で損益計算書に記載された発生主義に基づく金額を取り消した上で、小計以下で現金主義に基づく収入金額を加算**する表示形式をとっています。

　この取り消された金額と加算された金額を比較することで、不良債権の存在を推定することが可能です。通常であれば、未収となる金額は毎期ほぼ一定であるために両者の金額は大体同じ金額になるはずです。しかし、**取り消された（損益計算書の）金額が異常に大きくて、現実の収入金額が小さい場合には、未収計上された受取利息の金額が大きい**ことがわかります。約定どおりの利息の回収が行われていない場合がこれに該当します。

　ただし、不良な関係会社等に対しての貸付金で合理的な再建計画に基づくものである場合等には、はじめから無利息で貸し付けている場合もあるので、上記の見方は万能なものではない点に注意が必要です。

18 売上債権の増加額の意味

「営業活動によるキャッシュ・フロー」の区分では、売上債権の増加がある場合にはこれをマイナス調整します。これは学習済みですがもう一度その内容を確かめておきましょう（37頁参照）。

キャッシュ・フローを計算する基となる**営業収入は現金主義で認識される売上債権の回収高（資金の増加高）**であり、実現主義の原則に基づく売上高とは異なります（下図参照）。

売上債権

期首残高	売上債権の 回収高
売　上　高	期末残高

営業収入＝売上債権の回収高
　　　　＝売上債権期首残高＋売上高－売上債権期末残高
　　　　＝売上高－売上債権増加高

このように、**売上債権の増加はそれが未回収部分の増加であり、その分だけ回収＝収入が少ないことになるので、キャッシュ・フローに対しては、マイナス要素**となります。

簡単にいえば、売上債権の滞留は資金繰りを苦しくするわけです。

●チェックポイント●

・キャッシュ・フローを計算する基となる営業収入は現金主義で認識される売上債権の回収高（資金の増加高）である

・売上債権の増加はそれが未回収部分の増加であり、その分だけ回収＝収入が少ないことになるので、キャッシュ・フローに対しては、マイナス要素となる
　＝売上債権の滞留は資金繰りを苦しくする

19　棚卸資産の減少額の意味

　「営業活動によるキャッシュ・フロー」の区分では、棚卸資産の減少がある場合にはこれをプラス調整します。仮に仕入は全て現金仕入であるとした場合、棚卸資産の減少額はその分だけ売上原価よりも仕入支出の方が少ないことを意味します。

棚卸資産

期首残高	売上原価
仕入高（今の場合は仕入支出と同じ）	
	期末残高

　仕入支出＝売上原価＋棚卸資産期末残高－棚卸資産期首残高
　　　　　＝売上原価＋棚卸資産増加高
　　　　　＝売上原価－棚卸資産減少高

第 2 章　連結財務諸表

●チェックポイント●

・棚卸資産の減少があると、その分だけ売上原価よりも仕入高（今の場合仕入支出と同じ）が少ないことになる

```
┌─────┬─────┐
│     │ 減少 │
│ 期首 ├─────┤ ➡ 売上原価よりも仕入高が少ない
│ 棚卸 │ 期末 │
│ 資産 │ 棚卸 │
│     │ 資産 │
└─────┴─────┘
```

・収入は一定であるとすると、支出が少ないということはキャッシュ・フローに対しては、プラス要素となる
　＝棚卸資産の削減は資金繰りを楽にする

　このように、**棚卸資産の減少があると、その分だけ売上原価よりも仕入高（今の場合仕入支出と同じ）が少ないことになり**ます。収入は一定であるとすると、**支出が少ないということはキャッシュ・フローに対しては、プラス要素**となります。

　簡単にいえば、**棚卸資産の削減は資金繰りを楽にする**わけです。

20　仕入債務の減少額の意味

　「営業活動によるキャッシュ・フロー」の区分では、仕入債務の減少がある場合にはこれをマイナス調整します。仮に在庫（棚卸資産）を一切持たないとした場合、仕入債務の減少額はその分だけ売上原価よりも仕入支出の方が多いことを意味します。

●チェックポイント●

・仕入債務の減少があると、その分だけ売上原価（今の場合仕入高と同じ）よりも仕入債務の支払高＝仕入支出が多いことになる

・収入は一定であるとすると、支出が多いということはキャッシュ・フローに対しては、マイナス要素となる
　＝仕入債務の早期支払いは資金繰りを苦しくする
　（ただしコストダウン効果は有り）

仕入債務

仕入債務の支払高＝仕入支出	期首残高
	仕入高（今の場合は売上原価と同じ）
期末残高	

仕入支出＝仕入債務の支払高
　　　　＝売上原価＋仕入債務期首残高－仕入債務期末残高
　　　　＝売上原価＋仕入債務減少高

　このように、**仕入債務の減少があると、その分だけ売上原価（今の場合仕入高と同じ）よりも仕入債務の支払高＝仕入支出が多い**ことになります。収入は一定であるとすると、支出が多いということはキャッシュ・フローに対しては、**マイナス要素**となります。簡単にいえば、**仕入債務の早期支払いは資金繰りを苦しくする**わけです（ただしコストダウンの効果は有り）。

21 営業活動によるキャッシュ・フローと経常収支との関係

これまで見てきた**営業活動によるキャッシュ・フロー**と**資金移動表上の経常収支**は、かなり似ているところがあります。

しかし全く同じではありませんので、その違いを見ておきましょう。

① 営業活動によるキャッシュ・フローは**当期純利益**から**スタート**しますが、経常収支は経常収入の計算要素としての**売上高**、**営業外収益**、経常支出の計算要素としての**売上原価**、**販売費及び一般管理費**、**営業外費用**が直接表示されます（下図参照、以下同じ）。

資　金　移　動　表

		項目
経常収支	経常収入	売　上　高
		営　業　外　収　益
		⊖ 売上債権の増加
		⊕ 前受金の増加
		⊖ その他流動資産の増加
		合　　　計
	経常支出	売　上　原　価
		販売費及び一般管理費
		営　業　外　費　用
		⊕ 棚卸資産の増加
		⊖ 買入債務の増加
		⊕ 前払費用の増加
		⊖ 未払費用の増加
		⊕ 前渡金の増加
		⊖ 減価償却費
		⊖ 引当金の増加
		⊖ その他流動負債の増加

●営業活動によるキャッシュ・フローと経常収支の相違点●

・営業活動によるキャッシュ・フローと資金移動表上の経常収支は、かなり似ているところがある
〈相違点〉

・営業活動によるキャッシュ・フローは当期純利益からスタート

・経常収支は経常収入の計算要素としての売上高、営業外収益、経常支出の計算要素としての売上原価、販売費及び一般管理費、営業外費用を直接表示

・有価証券売却益等の投資による営業外損益
・特別損益項目
・法人税等支払額
・役員賞与
・受取手形の割引高等

これらもその取扱いが相違する

② **有価証券売却益等の投資による営業外損益**は、営業活動によるキャッシュ・フローには含まれずに有価証券売却収入として投資活動によるキャッシュ・フローとして表示されますが、経常収支にはその計算要素として含まれます。
③ **特別損益項目**は営業活動によるキャッシュ・フローには含まれますが、経常収支には含まれずに、経常外収支の設備関係等収支に表示されます。
④ **法人税等支払額**は営業活動によるキャッシュ・フローには含まれますが、経常収支には含まれずに経常外収支の決算収支に含まれます。

⑤ **役員賞与**は営業活動によるキャッシュ・フローには含まれますが、経常収支には含まれずに、経常外収支の決算収支に含まれます。
⑥ **受取手形の割引高**は、売上債権の増加額の計算を通じて営業活動によるキャッシュ・フローに含まれますが、経常収支には含まれずに経常外収支の財務収支に表示されます。

　この他にも、受取利息や受取配当金を投資活動によるキャッシュ・フローに含めた場合や支払利息を財務活動に含めた場合にも営業活動によるキャッシュ・フローと経常収支にズレが生じます。

22 投資活動によるキャッシュ・フロー

　「投資活動によるキャッシュ・フロー」の区分は、**将来の利益獲得や資金の運用のためにどの程度の資金を支出・回収したかを示す情報**となります。

```
Ⅱ　投資活動によるキャッシュ・フロー
　　有価証券の取得による支出                        －×××
　　有価証券の売却による収入                         ×××
　　有形固定資産の取得による支出                     －×××
　　有形固定資産の売却による収入                      ×××
　　投資有価証券の取得による支出                     －×××
　　投資有価証券の売却による収入                      ×××
　　連結の範囲の変更を伴う子会社株式の取得による支出  －×××
　　連結の範囲の変更を伴う子会社株式の売却による収入   ×××
　　貸付けによる支出                                －×××
　　貸付金の回収による収入                           ×××
　　…………                                         ×××
　　投資活動によるキャッシュ・フロー                  ×××
```

　この区分には、具体的には以下のものを記載します。

●チェックポイント●

・「投資活動によるキャッシュ・フロー」の区分は、将来の利益獲得や資金の運用のためにどの程度の資金を支出・回収したかを示す情報となる

・この区分には、具体的には以下のものが記載される
　❶　有形固定資産及び無形固定資産の取得と売却
　❷　資金の貸付と回収
　❸　資金の範囲に含まれない有価証券及び投資有価証券の取得と売却

・この区分ではそのプラス・マイナスのみで企業を評価することはできない

・『キャッシュ・フロー出し』に相当するものが行われる可能性がある点に注意

① 　有形固定資産及び無形固定資産の取得と売却
② 　資金の貸付と回収
③ 　資金の範囲に含まれない有価証券及び投資有価証券の取得と売却

　資産の売却の場合、この区分では損益計算書で記載された売却損益ではなく、売却収入が記載される点が注意点です。また、有価証券の取得と売却が行われた場合には、相殺せずそれぞれ総額で記載します（総額主義の原則）。ただし、期間が短く、かつ回転が速い項目に係るキャッシュ・フローについては、純額で表示することも容認されています。
　この区分では資産の売却や貸付金の回収により容易にキャッシュ・フ

ローを作ることができるため、**そのプラス・マイナスのみで企業を評価することはできません**。損益計算書では、利益を作るためにいわゆる『益出し』が行われることがありますが、『**キャッシュ・フロー出し**』に相当するものが行われる可能性があります。

この区分でのキャッシュ・フローをプラスにするには、設備投資を抑制し、資金の範囲に含まれない有価証券を売却するだけで可能です。この操作性の強さから、その内容の吟味が必要になります。

23 有価証券投資、設備投資等とその回収の見方

「投資活動によるキャッシュ・フロー」の区分では**外部への投資**である有価証券投資や貸付金、**内部への投資**である設備投資のそれぞれの投資額と回収額が記載されます。

ただし、同じ内部投資であっても人件費や物件費を中心とする**研究開発投資**については、その金額の集計が困難であることから、この区分ではなく「営業活動によるキャッシュ・フロー」に記載されています。したがって、工場を持たず、研究開発に特化したいわゆるファブレス型の企業においてはこの区分の投資額は少なくなります。このため、企業の特性に応じて柔軟に解釈を行わなければなりません。

「営業活動によるキャッシュ・フロー」からこの区分中の現事業維持のための投資を差し引いたものをフリー・キャッシュ・フローといいます（この区分全体を営業活動によるキャッシュ・フローから差し引いたものを指すこともあります）。企業はそれを源泉に新たに積極的な設備投資を行ったり、借入金を返済したりするわけです。ただし、どの部分が現事業維持のための投資なのかは外部の目からみて判断することは困難であり、推定によらざるを得ません。

●投資活動によるキャッシュ・フローの見方●

・「投資活動によるキャッシュ・フロー」の区分では外部への投資である有価証券投資や貸付金、内部への投資である設備投資のそれぞれの投資額と回収額が記載される

・研究開発投資については、その金額の集計が困難であることから、この区分ではなく「営業活動によるキャッシュ・フロー」に記載されている

・「営業活動によるキャッシュ・フロー」からこの区分中の現事業維持のための投資を差し引いたものをフリー・キャッシュ・フローという

・この区分では、資産の売却により資金を作ろうとしているのか、逆に資金を投下して投資を活発に行おうとしているのかを見分けるのがポイント

・この区分は有価証券報告書の各種の附属明細表(有価証券明細表、有形固定資産明細表等)と非常に密接な関係にあるため、チェックが必要

　この区分では、**資産の売却により資金を作ろうとしているのか、逆に資金を投下して投資を活発に行おうとしているのかを見分けるのがポイント**になります。どちらが良い悪いの問題ではなく、例えばいわゆるスクラップ・アンド・ビルドを行った場合にそれが交互に現れてくることになります。
　この区分は有価証券報告書の各種の附属明細表(有価証券明細表、有形

固定資産明細表等）と非常に密接な関係にあります。資産の取得金額の客観性はこれらの附属明細表とのチェックにより確かめることができます。また、資産の売却収入は、これらの附属明細表（前期比較を含む）から判明する売却時の簿価と損益計算書の売却損益との合計に等しいはずです。これらの整合性が確認できれば、財務諸表の信頼性が高まります。

24 財務活動によるキャッシュ・フロー

「財務活動によるキャッシュ・フロー」の区分は、**営業活動及び投資活動を維持するためにどの程度の資金が調達または返済されたかを示す情報**となります。

Ⅲ　財務活動によるキャッシュ・フロー	
短期借入れによる収入	×××
短期借入金の返済による支出	－×××
長期借入れによる収入	×××
長期借入金の返済による支出	－×××
社債の発行による収入	×××
社債の償還による支出	－×××
株式の発行による収入	×××
自己株式の取得による支出	－×××
配当金の支払額	－×××
少数株主への配当金の支払額	－×××
…………	×××
財務活動によるキャッシュ・フロー	×××

この区分には、具体的には以下のものを記載します。
① 　借入及び株式または社債の発行による資金の調達
② 　借入金の返済及び社債の償還等

また、配当金の支払いは、この財務活動の区分に記載されます。この

●財務活動によるキャッシュ・フローの見方●

・「財務活動によるキャッシュ・フロー」の区分は、営業活動及び投資活動を維持するためにどの程度の資金が調達又は返済されたかを示す情報となる

・この区分には、具体的には以下のものを記載する
　❶　借入及び株式または社債の発行による資金の調達
　❷　借入金の返済及び社債の償還等
　この区分は、他の区分の資金の過不足を調節する区分
　➡この区分のみでの優劣の判断は不可能

・例えば、借入金による資金調達が返済額よりも大きければ、以下の検討が必要
　❶　営業活動によるキャッシュ・フローでの償還年数
　❷　資金の使途
　❸　固定比率・固定長期適合率などの静態比率
　❹　担保・保証関係
　❺　借入金利の増大
　❻　借入金月商倍率
　❼　事業計画に基づいているか等

区分においても「投資活動によるキャッシュ・フロー」の区分と同様に総額主義が原則であり、借入金の借換えが行われた場合には、借入金の返済と新たな資金調達を両方記載するのですが、短期間に連続して借換えが行われた場合などは純額での表示も容認されています。
　この区分は、他の区分の資金の過不足を調節する区分であり、資金運用表での財務資金欄に相当するものです。したがって、この区分のみで

の優劣の判断は不可能です。

例えば、借入金による資金調達が返済額よりも大きければ、以下の検討が必要です。

① 営業活動によるキャッシュ・フローでの償還年数が何年になるか
② その資金がキャッシュ・フロー計算書上どこに向かったか
③ 固定比率・固定長期適合率などの静態比率がどのように変化したか
④ 担保・保証関係は十分か
⑤ 借入金利の増大が利益にどこまで影響を与えるか
⑥ 借入金月商倍率は何倍になったか
⑦ 事業計画に基づいた借入であるか　等

なお、当座貸越契約に基づき、その限度額を企業が保有する現金及び現金同等物と同様に利用している場合には、当座貸越は負の現金同等物として取り扱われます。

25 財務活動の長期・短期資金の見方

この区分でのもう一つの注意点は、**長期資金と短期資金のウェイトの変化**です。短期借入金が実質的に増大しており、長期借入金が減少していれば、それは資金構造上財務体質の悪化につながるものです。

株式の発行と長期借入金、及び社債による資金調達は長期資金であり、**安全性の高い**ものです。これに対して、**短期借入金は借換えの継続**であることが多く、金融機関の債権回収に対して無防備な状態です。

短期借入金は1年以内に返済期限が到来し、その際には返済しなけれ

●チェックポイント●

・長期資金と短期資金のウェイトの変化に注意

・株式の発行と長期借入金、及び社債による資金調達は長期資金
　➡安全性は高い

・短期借入金は一般に借換えの継続
　➡安全性は低い

➡まず財務の安全性を重要視するべき

ばならないという当たり前の話が改めて重要になっています。

　株式公開企業といえども決して安全ではありません。まして中小企業では、まず**財務の安全性を重要視する**べきです。

26　3つの表示区分の相互関係

　それでは、「営業活動によるキャッシュ・フロー」、「投資活動によるキャッシュ・フロー」及び「財務活動によるキャッシュ・フロー」のそれぞれの内容と相互関係を整理してみましょう。

　「営業活動によるキャッシュ・フロー」の区分は、**企業が外部からの資金調達に頼ることなく、営業能力を維持し、新規投資を行い、借入金を返済し、配当金を支払うために、どの程度の資金を主たる営業活動から獲得したかを示す主要な情報**となりました。

　この区分には、次の3つのものが記載されます。
① 　営業損益計算の対象となった取引にかかるキャッシュ・フ

第2章　連結財務諸表

●3つの表示区分のまとめ●

・「営業活動によるキャッシュ・フロー」の区分は、企業が外部からの資金調達に頼ることなく、営業能力を維持し、新規投資を行い、借入金を返済し、配当金を支払うために、どの程度の資金を主たる営業活動から獲得したかを示す

・「投資活動によるキャッシュ・フロー」の区分は、将来の利益獲得や資金の運用のためにどの程度の資金を支出・回収したかを示す

・「財務活動によるキャッシュ・フロー」の区分は、営業活動及び投資活動を維持するためにどの程度の資金が調達または返済されたかを示

・この3つの計算区分のうち、営業活動によるキャッシュ・フローの余剰で投資活動によるキャッシュ・フローの不足を賄えなかった部分について、財務活動によるキャッシュ・フローにより資金調達するのが最も典型的

・この3つを連動させて自分なりのストーリーを組み立てることがポイント

ロー
② 営業活動にかかる債権・債務から生ずるキャッシュ・フロー
③ 投資活動及び財務活動以外の取引によるキャッシュ・フロー
　「投資活動によるキャッシュ・フロー」の区分は、**将来の利益獲得や資金の運用のためにどの程度の資金を支出・回収したかを示す**

情報となりました。

この区分には、具体的には以下のものが記載されます。
① 有形固定資産及び無形固定資産の取得と売却
② 資金の貸付と回収
③ 資金の範囲に含まれない有価証券及び投資有価証券の取得と売却

「財務活動によるキャッシュ・フロー」の区分は、**営業活動及び投資活動を維持するためにどの程度の資金が調達または返済されたかを示す情報**となりました。

この区分には、具体的には以下のものが記載されます。
① 借入及び株式または社債の発行による資金の調達
② 借入金の返済及び社債の償還等

この3つの計算区分のうち、営業活動によるキャッシュ・フローの余剰で投資活動によるキャッシュ・フローの不足を賄えなかった部分について、財務活動によるキャッシュ・フローにより資金調達するのが最も典型的なパターンです。

もちろん営業活動によるキャッシュ・フローが不足し、これを固定資産の売却で賄い、さらに生じた余剰で借入金を返済するという逆のパターンもあります。

この3つを連動させて自分なりのストーリーを組み立てることがポイントになります。

27 他の財務諸表との関係

キャッシュ・フロー計算書は、特に間接法では損益計算書の利益をベースにしているため、損益計算書とは密接に結びついていましたが、資

第2章　連結財務諸表

●キャッシュ・フロー計算書の役割●

　キャッシュ・フロー計算書は、前期末と当期末の貸借対照表上の資金（現金及び現金同等物）を結び付ける役割を果たす。

金概念そのものは貸借対照表上の概念であり、**前期末と当期末の貸借対照表上の資金（現金及び現金同等物）を結びつける役割を果たします。**

これを図解すると次のようになります。

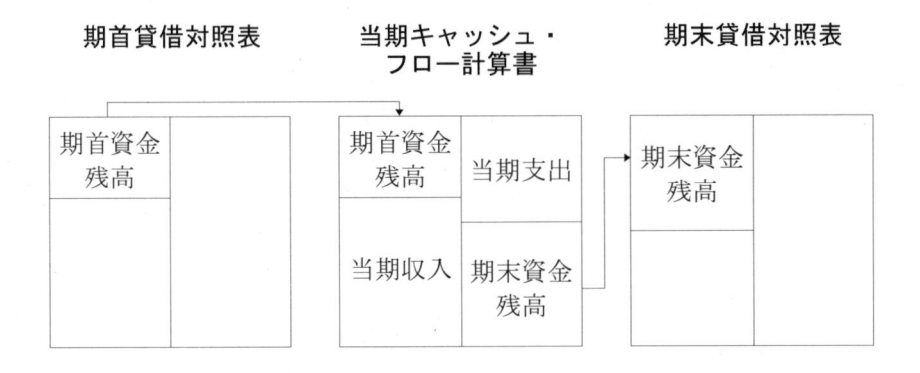

期首貸借対照表	当期キャッシュ・フロー計算書	期末貸借対照表
期首資金残高	期首資金残高　当期支出 当期収入　期末資金残高	期末資金残高

すなわち、キャッシュ・フロー計算書は資産（一部負債の資金も有り）である資金の1年間の動きを表わす計算書であるといえます。

第3章

連結の範囲の決定方法

28 持株比率基準・支配力基準とは

　平成12年3月期の決算から、連結財務諸表作成の基礎となる子会社の範囲の決定基準が**持株比率基準から支配力基準**に改正されました。
　持株比率基準は、他の会社の議決権の過半数を実質的に所有している場合、他の会社を子会社とみる基準です。
　一方、**支配力基準は、他の会社の意思決定機関を支配している場合、他の会社を子会社とみる基準**です。
　持株比率基準は非常に具体的であり、他の会社の発行済株数または出資口数の過半数を有している場合には子会社とみることになるため、客観的に子会社の範囲は決定されます。
　一方、支配力基準は抽象的であるために、これを補う各種の判断基準

が必要となります。これについて、連結財務諸表原則・同注解では次のように規定しています。

『親会社とは、他の会社を支配している会社をいい、子会社とは、当該他の会社をいう』
　他の会社を支配しているとは、他の会社の意思決定機関を支配していることをいい、次の場合には、当該意思決定機関を支配していないことが明らかにされない限り、当該他の会社は子会社に該当するものとする。
　(1) 他の会社の議決権の過半数を実質的に所有している場合
　(2) 他の会社の議決権の所有割合が百分の五十以下であっても、高い比率の議決権を有しており、かつ、当該会社の意思決定機関を支配している一定の事実が認められる場合（連結財務諸表原則　第3　一般基準　一連結の範囲　2親子会社の定義)』
　　(注) 他の会社の意思決定機関を支配している一定の事実が認められる場合とは、例えば、次の場合をいう（連結財務諸表原則注解5）。
　(1) 議決権を行使しない株主が存在することにより、株主総会において議決権の過半数を継続的に占めることができると認められる場合
　(2) 役員、関連会社等の協力的な株主の存在により、株主総会において議決権の過半数を継続的に占めることができると認められる場合
　(3) 役員もしくは従業員である者またはこれらであった者が、取締役会の構成員の過半数を継続して占めている場合
　(4) 重要な財務及び営業の方針決定を支配する契約等が存在する場合

なお、自らは高い比率の議決権を有していない場合であっても、**緊密な者**及び**同意している者**との議決権を合わせれば、議決権の高い比率

第3章　連結の範囲の決定方法

●持株比率基準から支配力基準に改正●

・持株比率基準は、他の会社の議決権の過半数を実質的に所有している場合、他の会社を子会社とみる基準

・支配力基準は、他の会社の意思決定機関を支配している場合、他の会社を子会社とみる基準

・この改正が行われた理由
❶ 国際会計基準やアメリカの会計基準が支配力基準を採用していることとの整合性のため
❷ 例えば、不良な子会社の持株比率を49%にするというような意図的な連結はずしを防止するため
❸ 銀行に見られるように、持株比率が少なくても融資や役員の派遣等を通じて実質的に支配している会社をも連結に含めるため

を有している場合で、一定の要件を満たすものについては、これを子会社に含めることになっています（財務諸表規則第8条第4項参照）。

この改正が行われた理由には、以下のようなものがあります。

① 国際会計基準やアメリカの会計基準が支配力基準を採用していることとの整合性のため
② 例えば、不良な子会社の持株比率を49％にするというような意図的な連結はずしを防止するため
③ 銀行に見られるように、持株比率が少なくても融資や役員の派遣等を通じて実質的に支配している会社をも連結に含めるため

29　ゼロ連結とは

　連結の範囲決定においては、実務上では**「緊密な者」**、**「同意している者」**を含めて考えることになるため、この2者が重要となります（財務諸表規則第8条第4項参照）。

1. **「緊密な者」**とは、出資、人事、資金、技術、取引等における両者の関係状況からみて、自己の意思と同一の内容の議決権を行使すると認められる者をいいます。
2. **「同意している者」**とは、役員の選任、定款の変更等の他の会社の財務及び営業または事業の方針の決定に関する議決権の行使に当たって、契約、合意等により、自己の意思と同一内容の議決権を行使することに同意していると認められる者をいいます。

　自社の持株比率がゼロであっても、連結が必要になる（いわゆるゼロ連結）会社は以下の場合の会社です。

　自己の計算において所有している議決権と**緊密な者及び同意している者**が所有している議決権を合わせた場合に、他の会社の議決権の過半数を占めている会社であって、かつ次の要件の①から④までのいずれかの要件を満たす会社

① 　役員もしくは使用人である者、またはこれらであった者で、他の会社の財務及び営業または事業の方針の決定に関して影響を与えることができる者が、他の会社の取締役会の構成員の過半数を占めていること
② 　他の会社の重要な財務及び営業または事業の方針の決定を支配する契約等が存在すること
③ 　他の会社の資金調達額の総額の過半について融資（債務保証及び担保提供を含む）を行っていること

●ゼロ連結の要件●

・自社の持株比率がゼロであっても、次のケースでは連結が必要になる（いわゆるゼロ連結）

・自己の計算において所有している議決権と緊密な者及び同意している者が所有している議決権を合わせた場合に、他の会社の議決権の過半数を占めている会社であって、かつ一定の要件を満たす会社

④　その他、他の会社の意思決定機関を支配していることが推測される事実が存在すること

30 影響力基準とは

　平成12年3月期の決算から、連結財務諸表作成にあたって、**関連会社の範囲**の決定基準が**持株比率基準**から**影響力基準**に改正されました。なお、関連会社は原則として**持分法の適用対象**となります。
　持株比率基準は、他の会社の議決権の20％以上50％以下を実質的に所有している場合、他の会社を関連会社とみる基準です。
　一方、**影響力基準は、子会社以外の他の会社の財務及び営業または事業の方針の決定に対して重要な影響を与えることができる場合、他の会社を関連会社とみる基準**です（財務諸表規則第8条第5項参照）。
　影響力基準では、子会社以外の他の会社の議決権の20％以上を所有している場合はもちろん、20％未満の所有割合でも緊密な者や同意してい

●持株比率基準から影響力基準に改正●

・関連会社の範囲の決定基準が持株比率基準から影響力基準に改正された

・関連会社は原則として持分法の適用対象となる

・持株比率基準は、他の会社の議決権の20％以上50％以下を実質的に所有している場合、他の会社を関連会社とみる基準

・影響力基準は、子会社以外の他の会社の財務及び営業又は事業の方針の決定に対して重要な影響を与えることができる場合、他の会社を関連会社とみる基準

る者を含めた議決権の所有割合が20％以上であり、融資や技術提供、販売・仕入等の重要な取引がある場合には、これを関連会社に含めることにしています（財務諸表規則第8条第6項参照）。

31 連結はずし、持分法の適用はずしについて

　従来から**連結財務諸表作成の最大の問題点は、連結に含める子会社の範囲や持分法の適用対象となる関連会社の範囲についての問題**でした。

　持株比率基準から支配力基準・影響力基準への改正を通じてその問題は解決されたように解釈されていますが、実務的にはそれほど単純ではありません。

　その理由として、一つには重要性の原則の適用、もう一つは支配力基

第3章　連結の範囲の決定方法

●チェックポイント●

・連結財務諸表作成の最大の問題点は、連結に含める子会社の範囲や持分法の適用対象となる関連会社の範囲についての問題

・重要性の原則の適用
　…ある子会社の大赤字を別の黒字子会社に付け替えてこれらを連結の範囲から除外することは可能

・支配力基準や影響力基準の適用を受けないように実態そのものを変える
　…派遣していた役員を引き揚げたり、融資を回収して実態面から連結・持分法はずしを行っているケース

・その他支配しているあるいは重要な影響力を与えることができると推測される事実
　…その判断には主観が入る

準や影響力基準の適用を受けないように実態そのものを変えてしまったり、不良の子会社や関連会社を特別清算等で整理してしまうことがあげられます。

　重要性の原則により、小規模子会社は連結の範囲に含まなくても良いとされています。小規模か否かは、実務上非連結子会社の総資産、売上高、利益、剰余金が連結財務諸表上の金額の3％〜5％を超えていないかどうかで判断されます。

　しかし、これらの数値を会社が正しく計算し、監査人に提示しているかどうかは別問題です。**ある子会社の大赤字を別の黒字子会社に付**

け替えてこれらを連結の範囲から除外することは可能です。**連結や持分法適用の範囲の操作は、新しい会計制度においても依然として行われるのが実状**です。

　さらに、連結や持分法の適用を受けないように、**派遣していた役員を引き揚げたり、融資を回収して実態面から連結・持分法はずしを行っているケース**もあります。

　これらは粉飾ではありませんが、実質的な支配力・影響力が消滅しているか否かの判断は微妙なところです。支配力基準・影響力基準では、**「その他支配しているあるいは重要な影響力を与えることができると推測される事実」**があれば、子会社や関連会社に該当するため、**その判断には主観が入ります。**会社側の判断の妥当性を確かめる作業が必要となる所以です。

第4章

連結固有の勘定科目の意味

32 連結調整勘定

　連結固有の勘定科目の中でも**連結調整勘定**は特にその重要性が高いものです。

　連結調整勘定は、親会社と子会社の貸借対照表を合算した後、**親会社の持つ子会社株式（投資勘定）と子会社の純資産（資本勘定）を相殺消去する際にその差額として発生**します（163頁参照）。

　新しい連結会計の制度では、貸借対照表を合算する前に子会社の資産・負債は時価で評価されます。したがって、**この相殺消去差額は子会社株式と子会社の時価純資産との差額**です。

　時価純資産以上の金額で子会社株式を取得している場合には、この連結調整勘定は借方差額として資産に計上されます。設立と同時に子会社

●連結調整勘定のチェックポイント●

・連結調整勘定は、親会社と子会社の貸借対照表を合算した後、親会社の持つ子会社株式（投資勘定）と子会社の純資産（資本勘定）を相殺消去する際にその差額として発生する

・この相殺消去差額は子会社株式と子会社の時価純資産との差額である

・その発生原因としては、子会社が同業他社と比較して超過収益力（のれん）を持っているケースがある

・一方で交渉力の弱さから、高値掴みで株式を取得してしまった可能性もある

・こういった実体のない、財産的価値のない資産については、保守的に判断するのが実務的

・無形固定資産に計上された連結調整勘定はその資産計上される根拠とは裏腹に実体のない換言すれば資産性の乏しいもの

・したがって連結財務諸表を分析する際には、連結調整勘定を資産から取り除いて、さらに同額を資本からも取り除いて判断するべき

・連結調整勘定は、負債の部に計上された場合、その償却は収益となる

株式を取得していればこの差額は発生しないのですが、そうでない場合

第4章　連結固有の勘定科目の意味

には、時価純資産よりも高い金額で株式を取得することがあります。連結調整勘定が資産計上されるのは、そういったケースです。

それでは、その発生原因としてはどういったことが考えられるでしょうか。

想定されているのは、子会社が同業他社と比較して超過収益力（のれん）を持っており、株価が高くなっているケースです。その超過収益力の源泉は定性的なものであり、会計上の評価になじまないものがほとんどです。例えば、経営者のビジョン構築力の卓越さや、従業員の勤勉さといった目に見えないものが大部分です。

連結調整勘定は、その本質が超過収益力によるものとの認識から、資産計上する場合に営業権と同じく**無形固定資産**の部に表示します。ただしその償却は営業権とは異なり、その計上後20年以内に、定額法その他合理的な方法により償却します。

一方で交渉力の弱さから、**高値摑みで株式を取得してしまった可能性もあります**。こういった**実体のない、財産的価値のない資産については、保守的に判断する方が実務的**です。

無形固定資産に計上された連結調整勘定はその資産計上される根拠とは裏腹に、実体のない、財産的価値のない、換言すれば資産性の乏しいものです。したがって連結財務諸表を分析する際には、連結調整勘定を資産から取り除いて、さらに同額を資本からも取り除いて判断するべきです。

時価純資産よりも高い金額で株式を取得した場合には、連結調整勘定は、負債の部に計上されるケースもあります。この場合には通常の負債とは異なり、その償却は収益となります。この場合の収益も裏付けに乏しいものであることから、利益から取り除いて考える必要があります。

様式第四号

連結貸借対照表
平成×年×月×日

資　産　の　部

Ⅰ　流動資産
　　　現金及び預金　　　　　　　　　　　　　　　　×××
　　　受取手形及び売掛金　　　　　　　　×××
　　　　貸倒引当金　　　　　　　　　　　×××　×××
　　　有価証券　　　　　　　　　　　　　　　　　×××
　　　たな卸資産　　　　　　　　　　　　　　　　×××
　　　繰延税金資産　　　　　　　　　　　　　　　×××
　　　そ　の　他　　　　　　　　　　　　　　　　×××
　　　　流動資産合計　　　　　　　　　　　　　　　　　×××
Ⅱ　固定資産
　1　有形固定資産
　　　建物及び構築物　　　　　　　　　　×××
　　　　減価償却累計額　　　　　　　　　×××　×××
　　　機械装置及び運搬具　　　　　　　　×××
　　　　減価償却累計額　　　　　　　　　×××　×××
　　　土　　地　　　　　　　　　　　　　　　　　×××
　　　建設仮勘定　　　　　　　　　　　　　　　　×××
　　　そ　の　他　　　　　　　　　　　×××
　　　　減価償却累計額　　　　　　　　　×××　×××
　　　　有形固定資産合計　　　　　　　　　　　　×××
　2　無形固定資産
　　　営　業　権　　　　　　　　　　　　　　　　×××
　　　連結調整勘定（75頁、85頁）　　　　　　　　×××
　　　そ　の　他　　　　　　　　　　　　　　　　×××
　　　　無形固定資産合計　　　　　　　　　　　　×××
　3　投資その他の資産
　　　投資有価証券　　　　　　　　　　　　　　　×××
　　　長期貸付金　　　　　　　　　　　×××
　　　　貸倒引当金　　　　　　　　　　×××　×××
　　　繰延税金資産　　　　　　　　　　　　　　　×××
　　　そ　の　他　　　　　　　　　　　　　　　　×××
　　　　投資その他の資産合計　　　　　　　　　　×××
　　　　　固定資産合計　　　　　　　　　　　　　　　×××
Ⅲ　繰延資産
　　　創立費　　　　　　　　　　　　　　　　　　×××
　　　開業費　　　　　　　　　　　　　　　　　　×××
　　　新株発行費　　　　　　　　　　　　　　　　×××

第4章　連結固有の勘定科目の意味

社債発行費	×××	
社債発行差金	×××	
開　発　費	×××	
建設利息	×××	
繰延資産合計		×××
資産合計		×××

負　債　の　部

I　流動負債

支払手形及び買掛金	×××	
短期借入金	×××	
未払法人税等	×××	
繰延税金負債	×××	
引　当　金		
製品保証引当金	×××	
賞与引当金	×××	
………………	×××	×××
そ　の　他		×××
流動負債合計		×××

II　固定負債

社　　債	×××	
長期借入金	×××	
繰延税金負債	×××	
引　当　金		
退職給与引当金	×××	
………………	×××	
連結調整勘定（75頁、85頁）		×××
そ　の　他		×××
固定負債合計		×××
負債合計		×××

少数株主持分

少数株主持分（80頁）　　　　　　　　　　×××

資　本　の　部

I　資本金		×××
II　資本準備金		×××
III　連結剰余金（83頁）		×××
資本合計		×××
負債、少数株主持分及び資本合計		×××

33 少数株主持分

　連結固有の科目としては、**少数株主持分**もそのウェイトが大きいものです。少数株主持分も連結調整勘定と同様に、親会社と子会社の貸借対照表を合算した後、**親会社の持つ子会社株式（投資勘定）と子会社の純資産（資本勘定）を相殺消去する際に発生**するものです。

　100％子会社ではない場合、子会社の純資産（資本勘定）はその全てが親会社の子会社株式（投資勘定）と相殺されるのではなく、親会社以外の株主に帰属する部分については、少数株主持分に振り替えられます。**少数株主持分は、文字どおり親会社以外の株主（少数株主）の子会社純資産（資本勘定）に対する持分を意味する**わけです。

　少数株主持分は、旧制度では負債の一項目として表示されていましたが、**新制度ではそれが返済義務を伴わない連結固有の科目であることを考慮して、負債の部と資本の部の間に少数株主持分として表示する**ことになりました。

　したがって、連結貸借対照表の使用総資本は、負債、少数株主持分、資本の3つに分かれることになります。

　それでは分析上はどのように考えればよいのでしょうか。筆者は**少数株主持分は負債の部に含めて考えるのが妥当**であると考えています。負債の部は何も金銭債務だけではなく、前受金等の収益性負債もあり、返済義務を伴わないことは負債でないということには直結しません。

　負債に計上された連結調整勘定も、返済義務を伴わない連結固有の科目であることにはかわりなく、これとも理論的整合性が取れていません。国際会計基準に合わせたといった背景はありますが、少数株主への分配を意味する少数株主利益は費用として表示されていることとの整合性の

第4章　連結固有の勘定科目の意味

●少数株主持分のチェックポイント●

・少数株主持分も連結調整勘定と同様に、親会社と子会社の貸借対照表を合算した後、親会社の持つ子会社株式（投資勘定）と子会社の純資産（資本勘定）を相殺消去する際に発生する

・少数株主持分は、文字どおり親会社以外の少数株主の子会社純資産（資本勘定）に対する持分を意味する

・新制度ではそれが返済義務を伴わない連結固有の科目であることを考慮して、負債の部と資本の部の間に少数株主持分として表示
　➡分析上は、少数株主持分は負債の部に含めて考えるのが妥当

・少数株主持分が増加する場合
　❶　連結対象となる子会社が増加したケース
　❷　子会社の純資産が留保利益や増資などによって増加したケース
　❸　親会社が所有株式のうち一部を外部（すなわち少数株主）に売却したケースなど、複数の原因があり、その原因に遡った分析が必要

観点からも、分析上は負債とみなして判断したほうが、誤りがなくて良いと思います。また、少数株主持分が増減するケースでは、様々な原因が考えられます。増加する場合でも、連結対象となる子会社が増加したケース、子会社の純資産が留保利益や増資などによって増加したケース、親会社が所有株式のうち一部を外部（すなわち少数株主）に売却したケースなど、複数の原因があり、その原因に遡った分析が必要になります。

34 部分時価評価法と全面時価評価法

　部分時価評価法と全面時価評価法は、親子会社の貸借対照表を連結するにあたり、子会社の資産・負債をどの程度まで時価評価するかについての２つの方法です。**100％時価評価するのを全面時価評価法、親会社持分に相当する部分だけを時価評価するのを部分時価評価法**といいます。

　この２つはいずれもが原則的方法であり、そのいずれを選んだかは連結財務諸表上の注記事項となります。

　この２つは、資産・負債の評価額の違いであると同時に**少数株主持分の金額の相違**となって現れます。**全面時価評価法によれば少数株主持分は時価純資産×少数株主の持分割合**によって計算されますが、**部分時価評価法によれば少数株主持分は簿価純資産×少数株主の持分割合**となります。

　なお、連結調整勘定は、いずれのケースによっても、時価評価された純資産を基準に計算されるため、両方法によって相違することはありません。

　分析上のポイントは、両方法で総資産（総資本）の金額は異なりますが、利益には影響がないことにあります（時価評価された資産が建物等の償却資産であり、減価償却費に相違がでる場合を除く）。

　したがって、**使用総資本経常利益率は全面時価評価法の方が、部分時価評価法よりも低く現れます。**

　単なる会計処理の相違によって各種の資本利益率が相違することに注意が必要です。

第4章　連結固有の勘定科目の意味

●部分時価評価法と全面時価評価法の相違点●

・子会社の資産・負債を100%時価評価するのを全面時価評価法、親会社持分に相当する部分だけを時価評価するのを部分時価評価法という

・全面時価評価法によれば少数株主持分は
　　　　　時価純資産×少数株主の持分割合

・部分時価評価法によれば少数株主持分は
　　　　　簿価純資産×少数株主の持分割合
となる

・分析上は、両方法で総資産（総資本）の金額は異なるが、利益には影響がないことに注意
　➡使用総資本経常利益率は全面時価評価法の方が、部分時価評価法よりも低く現れる

35　連結剰余金

連結剰余金とは、連結貸借対照表上の利益準備金、任意積立金、当期未処分利益を総称した概念です。旧制度では、これを利益準備金とその他の剰余金とに分けており、その他の剰余金は任意積立金と当期未処分利益を合わせたものであるとしていました。

旧制度では利益準備金は商法上配当不能であり、その他の剰余金は配当可能であるという理由からこの２つを分けて表示していたのですが、配当不能・可能の区別は商法上の区別であり、連結ベースで配当金を支

83

●連結剰余金の概念●

・連結剰余金とは、連結貸借対照表上の利益準備金、任意積立金、当期未処分利益を総称した概念

・連結剰余金は連結上の留保利益

・連単比較（連結財務諸表と個別財務諸表の比較）を行う際には単純比較はできないため、注意が必要

払うわけではありません。むしろ会計理論的には、留保利益という共通の性格をもっています。会計理論では資本の部は、元手としての「資本」ともうけとしての「（留保）利益」に分かれます。**連結剰余金は連結上の留保利益**です。

　証券取引法は会計理論を重視し、利益準備金とその他の剰余金を合わせて連結剰余金と呼ぶことにしたのです。この連結剰余金の期首から期末にかけての増減変動を表示したものが連結剰余金計算書です。

　それでは分析上の注意点は何でしょうか。まず、この部分については個別財務諸表上の資本の区分と違っているために**連単比較**（連結財務諸表と個別財務諸表の比較）を行う際には、個別財務諸表の利益準備金とその他の剰余金を合計してから行う必要があります。

　また、個別財務諸表の利益処分計算書は当期未処分利益からスタートし、利益処分の内容を表示しているのに対して、連結剰余金計算書は利益準備金や任意積立金を含んだ連結剰余金期首残高からスタートし、利益処分による減少や当期純利益による増加を表示しており、この2者は全く異質のものと考えるべきです。

36 連結調整勘定償却

　連結調整勘定については既に見ていますが、連結調整勘定償却についてもう少し詳しく見ておきましょう。

　連結調整勘定は、原則としてその計上後20年以内に、定額法その他合理的方法により償却しなければなりません。旧制度では、償却年数は5年以内だったのですが、新制度では、国際会計基準との整合性の観点から20年以内に変更になりました。

　連結調整勘定償却（借方）は、販売費及び一般管理費に表示されますが、その性格上減価償却費と同様に支出を伴わない費用であり、自己金融効果を持つ点に注意しなければなりません。

　このため、間接法によるキャッシュ・フロー計算書においては、税金等調整前当期純利益に減価償却費と並んでプラスされることになります。

　しかし、**連結調整勘定償却（借方）が多ければ多いほどキャッシュ・フローが増えるという理解は誤り**です。間接法によるキャッシュ・フロー計算書でプラスされているのは、単に償却前に戻すという意味しかありません。連結上の修正消去仕訳も決算整理仕訳の一つであり、決算整理はキャッシュ・フローに影響を及ぼさないために決算整理前に戻そうとしているのです。

　また、連結調整勘定償却（借方）は、税務上の損金にもならないため、節税効果はありません。

　連結調整勘定は文字どおり連結上の差額の調整勘定であり、実体のない抽象的なものです。**その償却はさらに実体がなく、概念上のものに過ぎません**。連結調整勘定は、分析上は資産から取り除いて判断するべきでしたが、その償却についても本来は一時償却するべきものを20

●連結調整勘定の留意点●

・連結調整勘定は、原則としてその計上後20年以内に、定額法その他合理的方法により償却しなければならない

・連結調整勘定償却（借方）は、その性格上減価償却費と同様に支出を伴わない費用であり、自己金融効果を持つ点に注意

・連結調整勘定償却（借方）が多ければ多いほどキャッシュ・フローが増えるという理解は誤り

・その償却は実体がなく、概念上のものに過ぎず、本来は一時償却するべきものを20年にわたって償却負担を分散しているとみるべき

・負債計上された連結調整勘定償却は営業外収益に計上されているが、分析上は実体のない収益であることから、これをないものとして扱うことが必要

年にわたって償却負担を分散しているとみるべきです。

　とくに**負債計上された連結調整勘定償却は営業外収益に計上されていますが、分析上は実体のない収益であることから、これをないものとして扱うことが必要**となります。

37　少数株主損益

　連結貸借対照表の少数株主持分に対応するものが、連結損益計算書の

第 4 章　連結固有の勘定科目の意味

●少数株主損益の留意点●

・子会社の当期純利益（または損失）のうち少数株主に帰属する利益（または損失）が少数株主損益

・少数株主利益は連結上の費用、少数株主損失は連結上の収益として計上される

・少数株主利益の増減は、少数株主持分の増減に連動している

少数株主利益が増加している場合
❶　子会社の当期純利益が増加したケース
❷　利益を計上している連結子会社が増加したケース
❸　期初に親会社が子会社株式の一部を外部（すなわち少数株主）に売却したケースなど様々なケースが考えられ、その原因調査が必要

　少数株主損益です。**子会社の株主のうち、親会社以外の株主を少数株主と呼びましたが、子会社の当期純利益（または損失）のうち少数株主に帰属する利益（または損失）が少数株主損益**です。
　この科目は子会社が当期純利益を計上したときは**少数株主利益**、子会社が当期純損失を計上したときは少数株主損失の科目名で連結損益計算書の当期純利益の直前に表示されます。
　この科目の注意点は、**少数株主利益は連結上の費用、少数株主損失は連結上の収益**として計上される点です。
　連結損益計算書の作成は、まず親会社と子会社の損益計算書を単純に

合算するところから始まります。この段階で子会社の当期純利益も、100％親会社の当期純利益に加えられてしまいます。しかし、連結損益計算書は親会社に帰属する利益の金額を計算表示する必要があるので、少数株主に帰属する利益は逆にマイナスして、差額で親会社に帰属する利益を求めるわけです。

連結財務諸表の作成は、まず親会社と子会社の財務諸表を合算し、相殺消去を行いますが、その相殺消去に相当しているのがこの少数株主利益の費用計上です。

少数株主利益の増減は、少数株主持分の増減に連動しています。

子会社が利益を上げると子会社の純資産（資本勘定）が増加するので、少数株主利益と少数株主持分がともに増加することになります。少数株主利益が増加している場合には、子会社の当期純利益が増加した場合以外にも、利益を計上している連結子会社が増加した場合、期初に親会社が子会社株式の一部を外部（すなわち少数株主）に売却した場合など様々なケースが考えられ、その原因調査が必要になります。

38 持分法による投資損益

持分法による投資利益（または投資損失）は、非連結子会社または関連会社に対する投資について、**持分法を適用した際に発生する科目です。持分法は、投資勘定の評価を通じて連結した場合と同じ利益を計上する方法**です。このため、連結が別名全部連結と呼ばれるのに対して、持分法は**一行連結**と呼ばれます。

持分法によれば、**被投資会社が利益を上げた時は、その持分相当額だけ投資勘定を増額し、同額の投資利益を計上**します。また、

第4章　連結固有の勘定科目の意味

様式第五号
連結損益計算書
自　平成×年×月×日　至　平成×年×月×日

Ⅰ	売上高		×××
Ⅱ	売上原価		×××
	売上総利益（または売上総損失）		×××
Ⅲ	販売費及び一般管理費		
	………	×××	
	………	×××	
	………	×××	×××
	営業利益（または営業損失）		×××
Ⅳ	営業外収益		
	受取利息	×××	
	受取配当金	×××	
	有価証券売却益	×××	
	連結調整勘定償却額	×××	
	持分法による投資利益（88頁）	×××	
	………	×××	
	………	×××	×××
Ⅴ	営業外費用		
	支払利息	×××	
	有価証券売却損	×××	
	持分法による投資損失（88頁）	×××	
	………	×××	
	………	×××	×××
	経常利益（または経常損失）		×××
Ⅵ	特別利益		
	前期損益修正益	×××	
	固定資産売却益	×××	
	………	×××	
	………	×××	×××
Ⅶ	特別損失		
	前期損益修正損	×××	
	固定資産売却損	×××	
	災害による損失	×××	
	………	×××	
	………	×××	×××
	税金等調整前当期純利益（または税金等調整前当期純損失）		×××
	法人税、住民税及び事業税	×××	
	法人税等調整額	×××	×××
	少数株主利益（または少数株主損失）（86頁）		×××
	当期純利益（または当期純損失）		×××

89

逆に被投資会社が損失を計上した時は、その持分相当額だけ投資勘定を減額させ、同額の投資損失を計上します。

連結が、個別財務諸表の合算・消去という手続をとるのに対して、持分法は純額をプラス・マイナスするという考え方をとっています。なお、この投資損益は**投資による損益という性格から営業外損益**として表示します。

持分法の適用会社となる非連結子会社とは、例えば子会社ではあるが、連結することにより利害関係者の判断を著しく誤らせるおそれのある会社として、連結の範囲から除かれた会社です。また、関連会社とは影響力基準（71頁参照）により、関連会社に含まれた会社をいいます。

持分法による投資損益に関しての注意点は、それが営業外損益に表示されることから、たとえ有力な関連会社を有していたとしても**営業利益には反映されていない**点にあります。

また、関連会社を有している場合には、その投資による利益は、個別財務諸表上は受取配当金として現金主義で認識されますが、持分法による投資損益はそれよりも早く、**発生主義的に認識**されるといったタイミングの相違があります。

さらに、経常利益に占める持分法による投資利益の割合も注意して見る必要があります。

39　親会社説と経済的実体説

連結財務諸表の本質として、**親会社説**と**経済的実体説**の2つがあります。

親会社説は、親会社の株主のみが連結上の株主であり、この親会社株主のために連結財務諸表は作成されるとするものです。

第4章　連結固有の勘定科目の意味

●持分法による投資損益の留意点●

・持分法は、投資勘定の評価を通じて連結した場合と同じ利益を計上する方法

・連結が別名全部連結と呼ばれるのに対して、持分法は一行連結と呼ばれる

・被投資会社が利益を上げた時は、その持分相当額だけ投資勘定を増額し、同額の投資利益を計上する

・この投資損益は投資による損益という性格から営業外損益として表示する

持分法による投資損益に関しての注意点
❶ 営業外損益に表示されることから、たとえ有力な関連会社を有していたとしても営業利益には反映されていない点
❷ 持分法による投資損益は発生主義的に認識される点

　この立場に立つ場合には、少数株主持分は外部株主として負債の部に表示されるか、負債の部と資本の部の間に表示されます。
　一方、**経済的実体説では、連結上の株主は親会社の株主以外にも少数株主を含み、親会社株主だけでなく少数株主も連結財務諸表作成を求めていると見るもの**です。
　この立場に立つ場合には、少数株主持分は親会社株主と同様に資本の部に表示されます。
　この2つの説は、**全面時価評価法**と**部分時価評価法**のそれぞれの根拠でもあります。親会社説に立つ場合には、子会社の資産・負債のう

●連結財務諸表の本質●

・親会社説は、親会社の株主のみが連結上の株主であり、この親会社株主のために連結財務諸表は作成されるとするもの

・経済的実体説では、連結上の株主は親会社の株主以外にも少数株主を含み、親会社株主だけでなく少数株主も連結財務諸表作成を求めていると見るもの

親会社説に立つ場合 …部分時価評価法 ┐
　　　　　　　　　　　　　　　　　　 ├と結びつく
経済的実体説に立つ場合 …全面時価評価法 ┘

日本の会計制度は両者の折衷説

ち親会社の持分に相当する部分だけを時価評価する部分時価評価法が採用され、経済的実体説に立つ場合には、子会社の資産・負債を全面的に時価評価する全面時価評価法が採用されます。

　日本の会計制度は、少数株主持分の表示に見られるように、親会社説を基本としながらも、全面時価評価法と部分時価評価法の選択を認めているなど一部経済的実体説を取りいれており、**両者の折衷説**となっています。

第5章

与信上の注意点

40　連結の範囲の操作

　連結の範囲は、連結財務諸表作成の際に最も操作されやすいところです（第3章「連結の範囲の決定方法」67頁参照）。

　連結の範囲・関連会社の範囲が持株比率基準から支配力基準・影響力基準に改正されても安心することはできません。むしろ、連結はずし・持分法の適用はずしがより巧妙になるために以前よりも見破りにくくなる可能性があります。

　それでは、どうやってこれを見抜けばよいのでしょうか。一つには、**前期比較で連結から除外された会社や新たに連結の範囲に含まれた会社を時系列的に追っていく**ことです。

　連結から外された会社と新たに連結の範囲に含まれた会社の業績を比

●連結の範囲から粉飾を見抜く●

・連結の範囲・関連会社の範囲が持株比率基準から支配力基準・影響力基準に改正されても安心することはできない
　➡むしろ、連結はずし・持分法の適用はずしがより巧妙になるために以前よりも見破りにくくなる可能性がある

ひとつの見抜き方
前期比較で連結から除外された会社や新たに連結の範囲に含まれた会社を時系列的に追っていく

海外におけるペーパーカンパニーへの損失飛ばし
資金の移動や財務諸表以外の管理会計資料等に不自然さがでてくるはず
　　　　　　　　　　　　　　　↑
　　　　　　　　　　　　これをチェック

・連結決算の粉飾の基本は、不良な会社をいかに連結対象・持分法の適用対象から除外するかにかかっている

較して、前者の業績が後者よりも悪ければ、意図的な連結はずしが行われている可能性があります。

　また、**海外におけるペーパーカンパニーへの損失飛ばし**など、容易に発見できないものもあります。しかし、**資金の移動や財務諸表以外の管理会計資料**等に不自然さがでてくるはずです。例えば、ある部分についての資料が全く提出されない、あるいはほとんど提出されない場合がこれに相当します。

　金額が小さい取引については、多量の資料がでてきても、巨額の取引については資料が全くあるいはほとんどないといったことがよくあります。むしろ、そちらを徹底的に追求するべきですし、納得がいかなけれ

ば融資に応じるのは危険です。

　連結決算の粉飾の基本は、不良な会社をいかに連結対象・持分法の適用対象から除外するかにかかっています。この点をしっかりと認識しておいてください。

41　連単倍率の読み方〜B／S面〜

　連単倍率とは、**親会社単独の金額と連結財務諸表の金額の倍率**です。例えば、**資本の部の連単倍率が１倍未満**（親会社の資本の部よりも連結の資本の部の方が小さい）であれば、**子会社は全体としてマイナスの連結剰余金（連結欠損金）**の状態であり、子会社の犠牲の上に親会社が利益を上げていると推定されます。この場合には、グループ経営がうまくいっていないことがわかります。

　これ以外にも、例えば売上債権の連単倍率が高ければ販売子会社があることが推定され、有形固定資産の連単倍率が高ければ製造子会社があることが推定されます。

　連単倍率は個別財務諸表の粉飾を見抜くにも役立ちます。

　例えば、**親会社が子会社に期末近くに押し込み販売**を行い、親会社の利益を作ったとしても、子会社側には在庫で残っていますので、棚卸資産の連単倍率は異常に大きいものになります。

　また、**親会社が負担するべき費用を子会社に付け回した場合**には、子会社が負担できなければ**その他の流動資産等の連単倍率が大きくなる**だけですし、子会社が負担すれば**利益の連単倍率がその分小さくなります**。

　投資有価証券の連単倍率が非常に高い場合にはどういったことが考えられるでしょうか。

●連単倍率から粉飾を見抜く●

連単倍率とは、親会社単独の金額と連結財務諸表の金額の倍率

・資本の部の連単倍率が1倍未満
　➡子会社は全体としてマイナスの連結剰余金（連結欠損金）

・親会社が子会社に期末近くに押し込み販売
　➡棚卸資産の連単倍率は異常に大きい

・親会社が負担するべき費用を子会社に付け回した場合
　➡その他の流動資産等の連単倍率が大きくなる。または利益の連単倍率がその分小さくなる

・投資有価証券の連単倍率が非常に高い場合
　➡子会社への売却による益出し

　新会計基準でも売買目的でないその他の有価証券については、時価評価した際の評価損益は損益計算書を通さないために、依然として子会社への売却による益出しは可能です。本来はこういった投資による資金運用は親会社が行うのが普通ですから、この連単倍率が高ければ、**子会社への売却による益出し**が行われたことが推定されます。

42 連単倍率の読み方〜P／L面〜

　連結損益計算書においても連単倍率は重要です。
　例えば、**親会社単独では当期純利益を計上しているが、連結損

第5章　与信上の注意点

●連結損益計算書における連単倍率●

・親会社単独では当期純利益を計上しているが、連結損益計算書では当期純損失
　➡ 1．子会社が赤字だった
　　 2．連結調整勘定（資産）の償却負担が大きかった
　　 3．多額の未実現利益が発生していたケースなど

・親会社が子会社に押し込み販売
　➡売上高の連単倍率は小さいものとなり、1倍未満であれば100％粉飾決算

・投資有価証券売却益や、土地売却益の連単倍率が1倍未満
　➡親会社から子会社への売却であり、連結グループ全体を通じて見れば未実現利益

益計算書では当期純損失を計上しているケースでは、当期純利益の連単倍率はマイナスとなります。
　その背景としては、以下のような理由が考えられます。
　① 子会社が赤字だった
　② 連結調整勘定（資産）の償却負担が大きかった
　③ 多額の未実現利益が発生していた（連結財務諸表の作成過程で未実現利益は消去されます）など
　連単倍率は個別財務諸表の粉飾を見抜くにも役立ちます。
例えば、**親会社が子会社に押し込み販売**を行い、親会社の利益を作った場合では、**売上高の連単倍率は小さいものとなり、1倍未満であれば100％粉飾決算**です。

投資有価証券売却益や、土地売却益の連単倍率が1倍未満のケースでは、どういったことがいえるでしょうか。この場合には、**親会社から子会社への売却であり、連結グループ全体を通じて見れば未実現利益**となります。個別財務諸表での益出し操作は相手先が連結子会社である限り、連結財務諸表上は消去されてしまいます。それがグループ全体の実態を表わしているわけです。

43 非連結子会社、関連会社を利用した利益操作

　既に見た連単倍率を利用した個別財務諸表の粉飾の見抜き方は、連結子会社との取引による利益操作を見抜くには有効です。
　しかし、**連結の対象とならない非連結子会社や持分法の適用対象となる関連会社との取引であれば、連結しても消去されない場合があり、その操作を見抜くことはできません。**
　非連結子会社とは、子会社に該当するが連結すると利害関係者の判断を著しく誤らせるおそれがあるような場合や、支配が一時的である場合等がこれに該当し、この場合には子会社であっても連結の範囲に含まれません。したがって、押し込み販売による売上や益出し操作が消去されることはありません（持分法を適用した場合の未実現利益の消去を除く）。こういった**非連結子会社は利益操作の対象となりやすいため特に注意して調査する必要があります**。関連会社との取引では、売上や投資有価証券等の固定資産の売却における益出しは、連結した場合と同じ利益を計算するという観点から未実現利益の消去の対象となりますが、**費用負担を付け回した場合等は表面化しないため、修正対象とはなりません**。表に出ている取引以外にも関連会社を通じて不明瞭な取引が行われていないか、注意するべきです。

第5章　与信上の注意点

●チェックポイント●

・連結の対象とならない非連結子会社や持分法の適用対象となる関連会社との取引であれば、連結しても消去されない場合があり、その操作を見抜くことはできない

・非連結子会社は利益操作の対象となりやすいため特に注意して調査する必要がある

・関連会社との取引では、費用負担を付け回した場合等は表面化しないため、修正の対象とはならない
　➡表に出ている取引以外にも関連会社を通じて不明瞭な取引が行われていないか、注意するべき

44　営業権の資産性

　営業権は、子会社の資産・負債の時価評価を行う中で、子会社に明らかに**超過収益力**があると認めれれる場合に発生するとされています。
　しかし、現在の超過収益力は現在時点の瞬間的なものであり、それが将来にわたって期待されるとは限りません。私見ですが、**営業権は実務上では開発費等の繰延資産と同様に、資産性の乏しい科目**と思われます。
　営業権は、有償での譲受けまたは合併の場合にのみ計上されるとなっています（企業会計原則注解25、商法285条の7）が、そもそも連結上での計上は企業会計原則では予定していませんでした。特に商法上は、営業権の計上が任意計上であることから、実務上では償却負担に耐えるだけ

99

●営業権の計上●

営業権は超過収益力を表わすとされている
➡実務的には開発費等の繰延資産と同じく資産性に乏しい

➡営業権はそれを計上するべき会社には計上されずに、それを計上するべきではない会社に計上される結果となっている

の収益力のない会社に計上され、営業権の計上が理論上望ましい会社には計上されないという逆転現象が起こっています。

　つまり、**営業権はそれを計上するべき会社には計上されずに、それを計上するべきではない会社に計上される結果となっている**のです。ただし、平成10年度法人税法の改正により、法人税法上では5年間の均等償却が義務付けられています。わが国では今のところ連結納税制度が採られていませんので、法人税の取扱いは連結財務諸表とは無関係ですが、個別財務諸表の段階ではこの取扱いに大きく影響を受けています。連結財務諸表で、営業権を計上しているケースにおいて唯一優良会社と解されるケースは、意図的に早期の償却を行おうとしているケースです。

　投資消去差額が連結調整勘定として処理された場合には、原則としてその計上後20年以内に、定額法その他合理的な方法により償却しなければならないとされています（連結財務諸表原則第四の三の2）。文言上は連結調整勘定として5年償却することは可能ですが、実務上は大半の会社が20年償却を選択するとみられています。この場合に5年の早期償却に合理性を与えるためには超過収益力をあらかじめ営業権として評価しておくことが考えられるのです。

45 連結上の会計方針の選択

　連結財務諸表においても、財務諸表作成上での会計方針の選択は重要な意味を持ちます。

　連結財務諸表原則では、「同一環境下で行われた同一の性質の取引等について、親会社及び子会社が採用する会計処理の原則及び手続は、原則として統一しなければならない（連結財務諸表原則第三の三）」としています。この**会計処理の原則及び手続（さらには表示方法）は、会計方針**と呼ばれています。

　連結財務諸表規則でも会計処理基準に関する事項は記載が求められており（連結財務諸表規則第13条第1項第4号）、具体的には以下の事項が記載されます（連結財務諸表規則第13条第5項）。

1．重要な資産の評価基準及び評価方法
2．重要な減価償却資産の減価償却の方法
3．重要な引当金の計上基準
4．連結財務諸表の作成の基礎となった連結会社の財務諸表の作成にあたって採用した重要な外貨建の資産または負債の本邦通貨への換算の基準
5．重要なリース取引の処理方法
6．その他連結財務諸表作成のための重要な事項

　この**会計方針の選択如何によって企業利益は大きく変動します**。有価証券の評価基準や、研究開発費の会計処理に見られるように、国際会計基準やアメリカの会計基準との整合性の観点から、会計方針の選択にはある程度の制約がかかるようになりました。しかし、現在でも例

●会計方針選択のチェックポイント●

➡優良企業は節税目的から、利益を抑制する会計方針を選択
➡問題企業は信用目的から、利益を捻出する会計方針を選択

えば棚卸資産の評価基準を原価法によるか低価法によるかなどは選択できるため、優良企業は低価法により評価損を積極的に計上するのに対して、問題企業は原価法により含み損を抱えた状態となっています。

　優良企業は節税目的から利益を抑制する会計方針を選択し、問題企業は信用目的から利益を捻出する会計方針を選択しようとします。したがって、選択された会計方針を見ることで、粉飾の可能性を推定することができます。**利益を抑制して節税を図るような優良企業には、そもそも粉飾しようという動機が働かない**からです。逆に利益を捻出しようとする会計方針を選んだ企業は、それでも利益が足らなければ粉飾する動機が潜在的に存在しているといえるでしょう。

① 重要な資産の評価基準及び評価方法について

　ここで重要な資産としては、**棚卸資産**と**有価証券**が考えられます。棚卸資産の評価基準については**原価法**と**低価法**の選択が認められており、評価方法としては先入先出法、後入先出法、移動平均法、総平均法などの各種の方法が選択できるようになっています。

　評価基準の選択については、**原価法は利益捻出型**、**低価法は利益抑制型**であるといえます。ただし、業種によっては棚卸資産の時価が把握しづらい場合もあるので、そのために原価法を採用しているケースもあります。原価法採用企業であっても、陳腐化による評価損や棚卸資産の処分損を計上しているようであれば、特に利益捻出の意図はないとみ

第5章　与信上の注意点

●棚卸資産の評価基準と評価方法●

・棚卸資産の評価基準については原価法と低価法の選択が認められている
　➡原価法は利益捻出型、低価法は利益抑制型

・評価方法については、デフレ時には先入先出法が利益抑制型、後入先出法が利益捻出型

てよいでしょう。原価法採用企業で、棚卸資産回転期間が延長しているにもかかわらず何の手当てもしていない場合が問題です。

　ただし、例えば建設業界・不動産業界では、棚卸資産である販売用不動産を固定資産に振り替えることで評価損の計上を回避しているケースがあります。また、評価損を計上していても、それが極めて少額であれば依然として多額の含み額をかかえているケースもあります。

　なお、評価方法については、**デフレ時には先入先出法が利益抑制型、後入先出法が利益捻出型**となります。

　一方、有価証券の評価基準について、商法上はその適用対象にもよりますが、**原価法**と**低価法**、さらには**時価法**の選択が認められており、評価方法としては実務上は移動平均法と総平均法の方法が選択できるようになっています。原価法採用会社の含み損には当然のことながら注意が必要です。

　また、中小企業における時価法の採用には利益捻出の意図が推定されます。中小企業がP／Lに計上した有価証券評価益は、それを取消して考えるのが妥当です。

　ただし、証券取引法適用会社は、有価証券の種類に応じた評価基準が

103

●有価証券の評価基準●

・有価証券の評価基準について、商法上は原価法と低価法、さらには時価法の選択が可能

・証券取引法適用会社は、有価証券の種類に応じた評価基準が定められており、選択の余地はない

・「その他の有価証券」は、評価差額を資本の部に直接計上し、毎期洗い替え処理するために、この売却による益出しは、新会計基準実施後も依然として可能である点に注意

種類	評価基準	評価差額の取扱い
売買目的	時価	損益に計上
満期保有債券	償却原価(注1)	同上
関係会社株式	原価	
その他の有価証券	時価（平成14年3月期から）	資本の部に直接計上(注2)

(注1) 償却原価とは、債券を額面金額よりも低い価額または高い価額で取得したときに、取得価額と額面金額との差額を毎期利息として計上し、取得価額に加算または減算した価額をいいます。
(注2) 評価差額（評価差益及び評価差損）の合計額を資本の部に計上する全部資本直入法と、評価差益は資本の部に計上するが評価差損は当期の損失として処理する部分資本直入法があります。

上図のように定められており、選択の余地はありません。
　特に「その他の有価証券」は、評価差額を資本の部に直接計上し、毎期洗い替え処理するために、この**売却**による**益出し**は、**新会計基準実施後も依然として可能**である点に注意する必要があります。

なお、売却後に買い戻す益出しクロス取引や、先物取引などを使った類似取引は認められなくなっていますが、いずれにしても益出しによる利益はそれがないものとして取り扱う必要があります。また、仕組債については、デリバティブ評価に伴う元本割れを起こしていないかどうかのチェックが必要になります。

② 重要な減価償却資産の減価償却の方法

　減価償却については、**定額法が利益捻出型、定率法が利益抑制型**となります。平成10年4月1日以降取得の建物については、法人税法上定額法に一本化されましたが、それ以外の減価償却資産は、この2つの選択が可能（他にもいろいろな方法がありますが、大部分の企業はこの2つのいずれかを採用しています）です。特に製造業において機械装置の減価償却を定額法によっている場合は、利益に与える影響が大きいことから、収益力の乏しい企業とみてよいでしょう。さらに、減価償却については**耐用年数の短縮と延長が重要なポイント**となります。

　通常は、法人税法に定める法定耐用年数による場合が多いのですが、企業によってはそれより短く、あるいは長く耐用年数を設定することがあります。

　耐用年数を短く設定する企業は、早期の償却を図る利益抑制型の企業であり、**耐用年数を長く設定する企業は、償却負担を緩和しようとする利益捻出型の企業**といえます。

　耐用年数を短く設定した場合には、税法上の限度額を超えてしまいますので「法人税申告書の別表四」での加算が必要となり、節税効果はありません。しかし、減価償却の自己金融効果は依然として残っており、資金回収が進むため企業自身の資金繰りが、その分楽になります。

　一方、耐用年数を延長した企業は、減価償却資産が過大評価されるだ

●減価償却のチェックポイント●

・減価償却については、定額法が利益捻出型、定率法が利益抑制型
  ➡さらに、耐用年数の短縮と延長が重要なポイント
  ➡耐用年数を短く設定する企業は、早期の償却を図る利益抑制型の企業、耐用年数を長く設定する企業は、償却負担を緩和しようとする利益捻出型の企業

・税法上の償却限度額は商法上最低限必要な額（ここがポイント）
  ➡それすら満たない場合には、商法上違法な粉飾決算

・租税特別措置法による各種の特別償却を実施している企業
  ＝節税優先決算の優良企業

けでなく、利益捻出の見返りとして資金回収が遅れるため、資金繰り上問題が発生します。

　減価償却については、**税法上の償却限度額は商法上最低限必要な額**と解されており、**それすら満たない場合には、商法上違法な粉飾決算**といってよいでしょう。実務的には、同業他社の採用している減価償却方法や耐用年数を比較することで本当の業績を知ることができます。

　定率法採用企業の耐用年数は以下のように推定することが可能ですので、参考にしてください。

　　減価償却費÷（当期末簿価＋減価償却費）＝償却率
　　この償却率に近い耐用年数を減価償却資産の償却率表（「減価償却資産の耐用年数等に関する省令」別表九）の中で探す

さらに、減価償却については、租税特別措置法による各種の特別償却が認められており、これを利用して積極的に節税を図っている企業は、（それが利益処分による積立方式によるものであっても）、節税優先決算の優良企業であるといえます。この場合には粉飾決算の可能性は、かなり減少するとみてよいでしょう。

③ 重要な引当金の計上基準

引当金の計上基準も、様々な方法が認められているためにどの方法を選択するかが重要なポイントとなります。

① 貸倒引当金

商法上は、**取立不能見込額**としてその計上が求められています。中小企業では、設定されていないケースの方が多いのですが、本来は重要性が乏しくない限り計上しなければならないものです。中小企業がこれを計上する場合には、**税法基準**によるのが一般的ですが、証券取引法適用会社は、平成13年3月期からは貸倒懸念債権について次のいずれかの方法により、貸倒引当金を設定することとされています。

> （1）財務内容評価法
>   担保または保証が付されている債権については、債権額から担保の処分見込額及び保証による回収見込額を減額し、その残額について債務者の財政状態及び経営成績を考慮して貸倒見積高を算定する方法
> （2）キャッシュ・フロー見積法
>   債権の元本の回収及び利息の受取りにかかるキャッシュ・フローを合理的に見積もることができる債権について、そのキャッシュ・フローの現在価値を基に貸倒見積高を算定する方法

●貸倒引当金のチェックポイント●

> 貸倒引当金
> …商法上は、取立不能見込額として原則的には強制計上
>
> ・中小企業がこれを計上する場合には、税法基準によるのが一般的
>
> ・証券取引法適用会社は、平成13年3月期からは貸倒懸念債権について財務内容評価法またはキャッシュ・フロー見積法により貸倒引当金を設定

(1)の財務内容評価法は、従来の個別見積もりによる貸倒引当金の計上と実質的には異なりません。(2)のキャッシュ・フロー見積法は、現在価値の概念を導入した新しい方法です。いずれの方法によった場合でも基本的には個々の相手先ごとに回収可能性を吟味するため、税法基準よりも主観的要素が強いものといえます。

② 退職給付引当金

平成13年3月期から、証券取引法適用会社には退職給付引当金の計上が義務付けられます。**退職給付引当金は退職給付債務から年金資産を差し引いて計算されます**が、それぞれの内容は次のとおりです。

退職給付債務	従業員が退職時に受け取るであろう退職給付見込額のうち、当期末までの勤務期間に対応する金額の現在価値
年 金 資 産	専ら退職給付の支払いに充当するためのみに拠出された資産であり、時価で評価される

第5章　与信上の注意点

●退職給付引当金のチェックポイント●

・退職給付引当金＝退職給付債務－年金資産

・割引率3％を選択する企業は退職給付債務を多めに見積もる優良企業、4％を選択する企業は退職給付債務を少な目に見積もろうとする問題企業

・会計処理の変更時差異を1年で償却する企業は問題なく優良企業、最長の15年で償却する企業は問題企業

・退職給与引当金を計上している中小企業は優良企業

　退職給付債務の計算過程において、退職給付見込額のうち当期末までの勤務期間に対応する金額を現在価値に割り引く際には、企業が自ら適切な割引率を選定することになります。この割引率如何によって退職給付債務は大きく影響を受けます。具体的には3％から4％までの間で割引率を選定することになると思われますが、**3％を選択する企業は退職給付債務を多めに見積もる優良企業、4％を選択する企業は退職給付債務を少な目に見積もろうとする問題企業**であるといえます。

　また、退職給付引当金設定時には、会計処理の変更時差異を最長15年かけて退職給付費用として計上することになりますが、**1年で償却する企業は問題なく優良企業**といえるでしょう。これを**最長の15年で償却する企業は、かなり問題がある**といわざるを得ません。通常の企業は1年から5年のスパンでの償却を考えていると思われます。

　なお、証券取引法の適用を受けない中小企業は退職給与引当金を設定

●役員退職慰労引当金のチェックポイント●

・役員退職慰労引当金は役員の退職金支給に備えるための引当金

・この引当金の特徴は、その繰入額が損金不算入となることと、債務でない引当金に分類されること

・株式公開企業でありながらこの引当金を設定していない企業や、設定していてもいまだ期末要支給額の100％に満たない企業
　➡それだけで利益捻出型と見られてもしかたない!!

することになりますが、最も一般的な基準は**税法基準**です。ただし、各種の統計調査では、全法人の約5％程度しか退職給与引当金が計上されておらず、中小企業ではこれが計上されているだけで優良企業といえるでしょう。

③　役員退職慰労引当金

　役員の退職金支給に備えるための引当金を**役員退職慰労引当金**といいます。株式公開企業の半数以上がこの引当金を計上するまでになっています。退職給付引当金は、専ら従業員の退職を対象としたものであり、役員に対する引当金とは区別されています。この引当金の特徴は、**その繰入額が損金不算入**となることと、**債務でない引当金に分類される**ことです。

　この引当金の計上基準は期末要支給額の100％が必要です。株式公開企業でありながらこの引当金を設定していない企業や、設定していてもいまだ期末要支給額の100％に満たない企業は、それだけで利益捻出型と見られてもしかたありません。会計理論上は、繰入額が損金不算入であっ

第 5 章　与信上の注意点

●賞与引当金のチェックポイント●

・この引当金の計上基準は支給対象期間基準が一般的

・平成15年 3 月末の税務上の廃止まで、繰入額の損金算入限度額が徐々に縮小されている

・税務上の引当限度額の縮小に合わせてこの引当金の計上を徐々に減らしている企業、または初めから現金主義により支給時に費用処理している企業
　➡利益捻出型の問題会社!!

ても、また債務でない引当金であってもその引当計上が必要であると考えられるためです。

④　賞与引当金

賞与引当金は、従業員の賞与（ボーナス）の支給に充てるための引当金です。各人別に賞与の支給額まで確定している場合には、未払賞与として未払費用に含められて計上されることもあります。平成10年の税制改正により、税務上は期末までに賞与の支給額を各人に通知しており、かつ期末から 1 カ月以内に通知された各人に支給される場合にのみ、未払費用として認められることになりました。

この引当金の計上基準は支給対象期間基準が一般的ですが、平成15年 3 月末の税務上の廃止まで、繰入額の損金算入限度額が徐々に縮小されています。この取扱いの不便さから、多くの企業ではこの引当金を自己否認する、いわゆる有税の引当を行っています。

税務上の引当限度額の縮小に合わせてこの引当金の計上を徐々に減らしている企業や、初めから現金主義により支給時に費

> ●チェックポイント●
>
> ・債務保証損失引当金、損害補償損失引当金
>   ➡これを計上している場合には、保守主義を重視した利益抑制型決算の優良会社
>   ➡会計方針から優良会社であることが推定される

用処理している企業は、利益捻出型の問題会社といえます。

⑤ 債務保証損失引当金、損害補償損失引当金

債務保証損失引当金は、他者の債務保証をしており、債務者の財務内容の悪化からその支払いの発生の可能性が高い場合に必要となるものです。また、損害補償損失引当金は、係争事件において損害賠償義務が発生する可能性が高い場合にその引当計上が必要となるものです。

この両者は債務でない引当金に分類され、かつその繰入額は損金に算入されません。

実務上ではあまり計上されることのない引当金なのですが、**これを計上している場合には、保守主義を重視した利益抑制型決算の優良会社**といえます。また、これ以外にも有税での引当計上を積極的に行う会社は、その会計方針から優良会社であることが推定されます。

④ 収益及び費用の計上基準

① 出荷基準と検収基準

企業間取引においては、売上高の計上基準について、商品の発送時点で収益を計上する**出荷基準**と、相手側からの検収通知書の到着を待って売上高を計上する**検収基準**があります。いずれも、継続適用を条件に原則的基準として採用できるものなのですが、**出荷基準よりも検収基準**

第 5 章　与信上の注意点

●売上の計上基準●

❶　出荷基準と検収基準
　　出荷基準よりも検収基準の方が保守的であり、これを採用している企業が優良企業
❷　工事進行基準と工事完成基準
　　小規模工事まで工事進行基準を採用していれば、利益捻出型の会計方針
❸　経営指導料等
　　計上基準の恣意性が強い点に注意

の方が保守的であり、これを採用している企業が優良企業なのはいうまでもありません。出荷基準を採用している企業は、期末近くの押し込み販売を行いやすい体質があり、売上高の信憑性に問題が発生します。

②　工事進行基準と工事完成基準

平成10年度の法人税法の改正により、長期大規模工事は税務上は工事進行基準が義務づけられましたが、**小規模工事まで工事進行基準を採用していれば、利益捻出型の会計方針**です。一方、工事完成基準は完成、引渡をもって売上を認識するため利益抑制型会計方針となります。

③　経営指導料等

関係会社等への経営指導料等を売上高として計上している会社については、その計上基準は恣意性が強く自由に操作できるため、それがない場合のＰ／Ｌを考える必要があります。

⑤　キャッシュ・フロー計算書における資金の範囲

●資金の範囲のチェックポイント●

・資金の範囲を拡大するような会計方針の変更

・キャッシュ・フローの操作の意思あり
　➡要注意

　資金の範囲は、会社がこれを決定し、会計方針として注記することとされていました(33頁参照)。**資金の範囲を拡大するような会計方針の変更**は、キャッシュ・フローを過大に表示する意思が感じられます。特にその変更の有無に注意が必要です。

46　重要性の原則の利用

　重要性の原則とは、重要性の高い項目については、正規の会計処理及び表示を求めるとともに、**重要性の乏しい項目については簡便法を容認**する原則です（企業会計原則注解1）。この重要性の原則を利用することで利益の抑制や捻出を行ったり、さらに損益の表示区分を操作することで経常利益の操作を行うケースがよく見られます。最もよく利用されているのが、**重要性が乏しい場合の経過勘定項目の不計上**と、**特別損益項目の営業外損益での表示**です。

①　経過勘定項目による利益の捻出と抑制

　経過勘定項目とは、前払費用・未払費用・未収収益・前受収益の4つの項目をいいます。このうち、短期の経過勘定項目で重要性が乏しいものについては、貸借対照表に計上しないことが重要性の原則により認められています。

第5章 与信上の注意点

これを利用して、利益の捻出と抑制を図ると次のようになります（前払費用と未払費用を例に見ていきます）。

（パターン1）

貸借対照表	
前払費用	

前払費用はあるが未払費用を計上していないパターン

（パターン2）

貸借対照表	
	未払費用

未払費用はあるが前払費用を計上していないパターン

（パターン3）

貸借対照表	
前払費用	未払費用

前払費用と未払費用を共に計上しているパターン

（パターン4）

貸借対照表	

前払費用と未払費用を共に計上していないパターン

●経過勘定項目の計上パターン●

経過勘定項目の計上パターンで利益の捻出、抑制がわかる

前払費用はあるが未払費用はない（パターン１）…最も利益捻出型

未払費用はあるが前払費用はない（パターン２）…最も利益抑制型

前払費用と未払費用の両方がある（パターン３）…正規の会計処理

前払費用と未払費用の両方がない（パターン４）…現金主義決算

　この４つのパターンのうち、**パターン１が最も利益の捻出を行うパターン**となります。なぜならば、資産の前払費用のみ計上することは資本の部を最も大きくすることになるからです。逆に**最も利益を抑制するパターンはパターン２**で、負債の未払費用のみを計上することで、資本の部を最も小さくします。

　パターン３は、株式公開企業の一般的パターンであり、パターン２の次に優良であるといえます（発生主義に基づく正規の会計処理）。**パターン４は中小企業に多い**のですが、現金主義によっており、パターン１よりはましなものの、あまり誉められた決算ではありません。

　この経過勘定の計上パターンを見るだけで利益の捻出、抑制は非常によくわかります。ぜひ一度調べてみてください。

② 特別損益項目の営業外損益表示

　特別損益項目は、重要性が乏しく毎期経常的に発生する場合には営業外損益の部に表示することができます。これを利用して**特別利益を営業外収益に表示することで経常利益を作ることが可能**になります。

第5章　与信上の注意点

●特別損益のチェックポイント●

特別利益（臨時損益と過年度損益修正損益）を営業外収益に表示することで経常利益を操作できる
➡ 特別損失の部があるのにもかかわらず、特別利益の部がない場合には、一応疑ってみる必要がある

```
損益計算書（一部抜粋）
  ・
  ・
営業外収益 ◀──┐
営業外費用       │
経常利益         │    特別利益を営業外収益に表示すれば
特別利益 ────┘    経常利益を構成する
特別損失
税引前当期（純）利益
```

特別利益とは、固定資産売却益などの**臨時損益**と引当金戻入益などの**過年度損益修正損益**から成り立っています。これを営業外収益に計上することで経常利益がその分増加することになります。したがって、特別損失の部があるのにもかかわらず、特別利益の部がない場合には、一応疑ってみる必要があります。

ただし、特別損益はその企業にとって臨時的なものや過去の計算誤りであるので、その存在そのものが管理の不十分さを表わすという見方もあり、これを考慮して特別損益項目を特別利益、特別損失共に営業外損

益に表示している企業もあります。

その場合には、経常利益を操作しようという意図はなく、むしろ優良企業ぶりを誇示しようとしているとみることができます。

47 不健全流動資産の内容

不健全流動資産とは、その他の流動資産、滞留あるいは架空の在庫及び債権をさします。

その他の流動資産はその科目数も多く、前払金、未収金、前払費用、未収収益、仮払金、立替金、短期貸付金等がこれに該当します。粉飾を行う場合には、一つの科目で行うとその科目の金額が急に大きくなり、すぐにばれてしまうので通常は複数の科目に分散します。したがってこれを見抜くには、その他の流動資産を合計し、**その合計金額で前期比較を行う必要があります。**

滞留あるいは架空の在庫と債権も不健全流動資産の典型例です。これらの存在が判明した場合には、貸借対照表からこれらを取り除き、さらに同額を資本の部の当期未処分利益から取り除かなければなりません。また、前期比較をした場合のその増加額は損益計算書の当期利益から差し引くことが必要になります。

なお、不健全流動資産には当たらないのですが、流動比率等の静態的比率の算定の際には借入金等の担保に供されている定期性預金等も、これを固定資産に表示替えをした上で分析を行う必要があります。

48 滞留あるいは架空の在庫・債権

粉飾の中で最もポピュラーなものが滞留あるいは架空の在庫・債権の

第5章　与信上の注意点

●不健全流動資産の算出法●

・不健全流動資産とは、その他の流動資産、滞留あるいは架空の在庫及び債権
　➡その他の流動資産は合計し、その合計金額で前期比較を行う必要がある

・滞留あるいは架空の在庫と債権もこれを貸借対照表から除去する必要あり

・さらにその増加額は当期利益から除去する必要あり

資産計上です。特に滞留在庫、滞留債権については経営者にとってその資産計上は当然と思われていることから、**意図せざる粉飾となりやすい**ものです。

　この滞留在庫、滞留債権の資産計上が粉飾となるのは、これらが含み損をかかえており、その**含み損部分が架空資産となる**ためです。在庫については企業会計原則注解10で品質低下・陳腐化の評価損の計上が強制されており、債権については取立不能見込額について貸倒引当金の計上が求められています。

　この滞留部分については**回転期間分析**などでその金額の推定が可能です。具体的には、前期比較で回転期間が延長した部分について滞留が推定されます。ただし、在庫については期末近くの思惑買い、売掛債権については期末近くの多額の売上などのケースもあり、回転期間の延長イコール滞留と決め付けるのは危険です。定性的な側面情報での確認が必要です。

119

●滞留あるいは架空の在庫・債権の見抜き方●

・滞留在庫、滞留債権の資産計上が粉飾となるのは、これらが含み損をかかえており、その含み損部分が架空資産となるため
・この滞留部分については回転期間分析などでその金額の推定が可能
・架空在庫を計上すれば、その金額だけ売上原価が過小表示される結果、売上高原価率が低下する

期末近くの押し込み販売があった場合

債権の回収遅延
期末月売上が異常に大きい
翌期首月売上が異常に小さい
在庫の回転期間が短縮する
｝などの兆候が現れる

　架空の在庫と債権については、以下の事実でその推定が可能です。
　架空在庫を計上すれば、その金額だけ売上原価が過小表示される結果、売上高原価率が低下します（右図参照）。一方、滞留在庫の場合には、値引き販売となりやすいことから、売上高原価率はむしろ上昇気味となります。
　在庫の回転期間は、滞留でも架空でも延長するのですが、売上高原価率の動きは逆になる（滞留の場合は逆に原価率は上昇気味になる）ので、滞留か架空かの判定ができます。

第 5 章　与信上の注意点

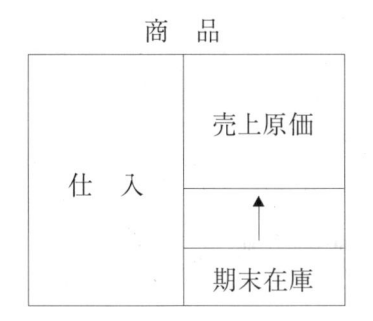

```
        商　品
┌─────┬─────────┐
│     │  売上原価 │
│ 仕入 ├────↑────┤
│     │  期末在庫 │
└─────┴─────────┘
```

　また、架空の売上債権は当然のことながら回収されることがありませんので、回収状況を追跡することで判明します。なお、期末近くの押し込み販売があった場合には、その**債権の回収遅延**の他、**期末月売上が異常に大きく**、**翌期首月売上が異常に小さい**、商品であるべきものが売上債権に姿を変える結果、**在庫の回転期間が短縮する**などの兆候が現れます。

49　その他の流動資産

　その他の流動資産は、**前払金、未収金、前払費用、未収収益、仮払金、立替金、短期貸付金**等がこれに該当します。これを利用した粉飾を見抜くには、**その他の流動資産を合計し、さらにその合計金額で前期比較を行う必要**がありました。

　その他の流動資産の中でも、**仮払金**は特にその資産性が乏しいものです。仮払金はその内容を示す適切な科目で表示しなければならず、この科目のままでは原則として貸借対照表に表示することはできないと考えておくべきです。

　比較的多いケースとしては、仮払金の中に**法人税等の中間納付額**が含まれているケース、**役員賞与や役員の交際費**が含まれているケース

●その他の流動資産のチェックポイント●

・その他の流動資産は、前払金、未収金、前払費用、未収収益、仮払金、立替金、短期貸付金等がこれに該当する

・その他の流動資産は合計し、さらにその合計金額で前期比較を行う必要がある

・仮払金中の法人税等の中間納付額、役員賞与や役員の交際費は資産性がない

・仮払金についで資産性に乏しいものが未収金、立替金、短期貸付金といった短期金銭債権

・貸借対照表からその他の流動資産と資本の部の当期未処分利益から同額を除去し、前期比較で判明するその他の流動資産の当期増加額を当期利益から差し引く必要がある

があります。

　法人税等の中間納付額は、損益計算書の法人税等として費用処理しなければならず、役員賞与は利益処分によるものは利益処分案に、そうでないものは損益計算書に役員報酬として販売費及び一般管理費に表示しなければなりません（ただし、いずれの場合でも税務上は損金になりません）。役員の交際費は、交際費として会社が負担せざるを得ないケースがほとんどです（役員個人が負担するならば、初めから会社に請求書はこない）。この場合の仮払金も資産性は全くありません。

　その他の流動資産の中で、仮払金についで資産性に乏しいものが**未収**

金、立替金、短期貸付金といった短期金銭債権です。本来これは1年基準で流動資産に表示されたわけですから、当然のことながら1年以内に回収されていなければなりません。しかし、現実には前期に計上されていたものがそのまま当期末まで残っている場合が多く、その場合には回収可能性に問題が発生します。回収の見込みがあれば、固定資産に表示するという理屈も成り立ちますが、多くの場合はその可能性が低く、資産性がないと見るのが実務上の見方です。

貸借対照表からその他の流動資産を除去すると共に、資本の部の当期未処分利益から同額を除去し、前期比較で判明するその他の流動資産の当期増加額を当期利益から差し引く必要があります。

50　その他の固定資産

その他の固定資産は、**長期未収金、長期貸付金、投資有価証券、長期前払費用、保険積立金、その他の投資**等がこれに該当します。これを利用した粉飾を見抜くには、その他の流動資産と同様に**その他の固定資産を合計し、さらにその合計金額で前期比較を行う必要があります**。その他の固定資産は、商法上は**投資等**と呼ばれ固定資産の部の一番下に表示されます。中小企業の決算書ではこの金額も**その他の流動資産と同じく、資産性がない**ものとして扱うのが妥当です。例外は、従業員向けの長期貸付金で福利厚生制度としての住宅取得目的のものと、養老保険の保険積立金です。

長期未収金は流動資産の未収金が回収できなくなった場合に流動資産から振り替えられるケースがあり、この場合にはそもそも回収可能性はほとんどありません。回収のスケジュールの確認が必要ですが、それが

できない場合には資産ではないとみなすのが妥当です。

長期貸付金の中では特に**関係会社向け**のもの、**役員向け**のもの、**社長の友人向け（資金繰りの苦しい同業者である場合が多い）**のもの等は資産性が乏しくなります。

投資有価証券は市場性のあるものはその時価で評価し、市場性のないものはその有価証券の発行会社の決算書を入手して実質価額を評価するのが理想です（株式の場合は１株当たりの時価純資産、それが不明であれば簿価純資産で評価）。しかしそれができなければ、公社債や株式公開企業の発行する有価証券を除いて換金価値に乏しいのが普通であるために、分析の際には資産から取り除いて考えるべきです。

長期前払費用は**税務上の繰延資産**であるケースが多いのですが、そのケースでは商法上繰延資産が限定列挙であることから固定資産の部に表示されているものです。税務上は支出時に損金算入できませんが、会計理論上は支出時に役務の提供を受けており、その観点からは**費用として発生済み**のものです。したがって**これも資産から除いて考えるのが妥当**です。

養老保険のうち死亡保険金の受取人が遺族、満期保険金の受取人が会社の場合で一定の要件を満たすものは、支払保険金の半額を保険積立金、残りの半額を保険料として損金算入することができます。この場合には、保険積立金と同額が含み益となっています。

その他の投資の代表例が**ゴルフ会員権**です。これについても時価を調査して含み損があれば減額して考えることが必要です。

若干の例外を除いて、貸借対照表からその他の固定資産を除去すると共に、資本の部の当期未処分利益から同額を除去し、前期比較で判明するその他の固定資産の当期増加額を当期利益から差し引く必要があります。

第5章　与信上の注意点

●その他の固定資産のチェックポイント●

・その他の固定資産は、長期未収金、長期貸付金、投資有価証券、長期前払費用、保険積立金、その他の投資等が該当する

・その他の流動資産と同様にその他の固定資産はこれを合計し、さらにその合計金額で前期比較を行う必要がある

・長期貸付金の中では特に関係会社向けのもの、役員向けのもの、社長の友人向け（資金繰りの苦しい同業者である場合が多い）のものなどは資産性が乏しい

・投資有価証券、ゴルフ会員権は時価または実質価額の調査が必要

・税務上の繰延資産に該当する場合の長期前払費用は、資産性がない

51　繰延資産

　商法上、繰延資産は創立費、開業費、開発費、試験研究費、新株発行費、社債発行費、社債発行差金、建設利息の8つに限定されています。ただし、中小企業の貸借対照表には、知識不足から権利金等の税務上の繰延資産が計上されていることもあります。

　また、証券取引法上は研究開発費に該当するものについては、支出時に費用処理することになっています。繰延資産が資産計上される根拠としては、会計理論的には**費用収益対応の原則**があげられるのですが、

●繰延資産のチェックポイント●

・商法上、繰延資産は創立費、開業費、開発費、試験研究費、新株発行費、社債発行費、社債発行差金、建設利息の８つに限定されている

・ただし、中小企業の貸借対照表には、知識不足から権利金等の税務上の繰延資産が計上されていることもある

・繰延資産は実務上単に費用負担の先送りとして利用されている場合が多い
　➡商法上の繰延資産は資産性がないものとして取り扱うのが妥当。これは税務上の繰延資産も同じ

　実務上は**資産性がない**ものとして扱う必要があります。なお、税務上の繰延資産が誤って商法上の繰延資産に計上されている場合も同様に資産性がないものとして取り扱うのが妥当です。
　商法は擬制資産として繰延資産の資産計上を容認していますが、現実には繰延資産を資産計上する資格のある収益力の高い企業には繰延資産は計上されず、収益力の低い企業に計上されているのが実状です。
　したがって、会計理論上の合理性とは裏腹に、繰延資産は単に費用負担の先送りとして利用されているに過ぎません。
　これにより貸借対照表から繰延資産を除去すると共に、資本の部の当期未処分利益から同額を除去し、前期比較で判明する繰延資産の当期増加額を当期利益から差し引く必要があります。

第5章　与信上の注意点

52　負債の計上漏れ

　負債の計上漏れによる粉飾も、架空在庫と同様に一般的に行われています。資産の場合は計上されてはいるが本当はない**架空資産**を見つけるのがポイントですが、負債の場合には本当は存在するが計上されていない**簿外負債**を見つけるのがポイントになります。

　計上されていないものを見つけるわけですから、ノウハウが必要です。コツとしては、**「これはあるはずである」という項目をあらかじめ知っておくこと**です。このあるはずである項目とは、まず**諸経費支払いの最終月分相当額**程度のもの、**賞与引当金または未払賞与（未払費用）**、**税金**があります。

　諸経費支払いの最終月分相当額程度のものは、**資金繰表**を見ればわかりますが、それができない場合には、販売費及び一般管理費から減価償却費、引当金繰入額等の支出を伴わない費用をマイナスし、12カ月で割ることによって推定することができます。この程度の未払金または未払費用が貸借対照表に計上されているはずですので、漏れを見つけるのに役立ちます。**漏れがあれば負債に追加計上し、同額を資本の当期未処分利益から除去する**ことになります。現金主義でも発生主義でも12カ月分の諸経費が計上されるからよいとすることはできません。その場合には当期の損益は正しくても、負債が過小な分だけ資本が過大になっており、当期未処分利益が水増しされてしまっているからです。

　賞与引当金または未払賞与（未払費用）は金額が大きいのが通常ですので、計上されているか否かのチェックは必ず行ってください。例えば、4月から9月までの賞与を12月に、10月から翌年3月までの賞与を6月に支給する企業では、6月支給分が3月決算の会社では引当金

127

●簿外負債の見つけ方●

・簿外負債を見つけるには、「これはあるはずである」という項目をあらかじめ知っておく

・あるはずである項目とは、まず諸経費支払いの最終月分相当額程度のもの、賞与引当金又は未払賞与(未払費用)、税金がある

・諸経費支払いの最終月分相当額程度のものは、資金繰表を見ればわかる

・賞与引当金又は未払賞与(未払費用)は金額が大きいのでチェックが必要

・法人税、住民税だけでなく、事業税や消費税等の未払金計上漏れにも注意

・利益処分時の納税積立金は現行商法では認められてない

・従業員から源泉徴収した所得税や社会保険料の預り金、得意先から受け取った前受金等も計上漏れに注意

・借入金や買掛金、支払手形が簿外となっているケースは他の資料との整合性を確認

または未払計上されている必要があります。これも漏れがあれば負債に追加計上し、同額を資本の当期未処分利益から除去することになります。
　税金についても、現金主義で計上しているケースが実務上ありますが、

発生主義での認識が必要です。**法人税、住民税だけでなく、事業税や消費税等の未払金計上漏れ**にも注意してください。法人税、住民税、事業税は下半期分が未払計上されていなければなりません。仮に所得がゼロであっても住民税の均等割があるので、完全にゼロになることはありません。

消費税等については、仮受と仮払の差額を支払うという単純なものではなく、控除対象外消費税や簡易課税制度の利用もあり、翌年度開始後2カ月以内に支払われる納税額が未払計上されているかどうかを見る必要があります。なお、税金に関して未払計上せずに利益処分時に**納税積立金**を計上している会社がありますが、これは現行商法では認められていません。したがって、この場合には、分析上は利益処分案の納税積立金を負債に計上し、同額を当期未処分利益から除去する必要があります。

これ以外にも従業員から源泉徴収した**所得税や社会保険料の預り金**、得意先から受け取った前受金等も計上漏れとなっていることがあります。これらについてもきちんと計上されているか否かをチェックしてください。

悪質なケースでは、**借入金や買掛金、支払手形が簿外となっているケース**があります。借入金については支払利息・割引料との対応関係を見ることで簿外となっているかどうかの推定は可能ですが、万全とはいえません。これを見抜くには、資金繰表や資金運用表、キャッシュ・フロー計算書等の**他の資料との整合性**を確認する必要があります。

53 売上高の操作

完全な架空売上や期末近くの押し込み販売については、「48滞留あるいは架空の在庫・債権」(119頁)で見ていますが、ここではそれ以外の操

●売上高操作の見分け方●

・完全な架空売上の場合
　➡債権の回収は全くない

・期末近くの押し込み販売があった場合、または検収基準から出荷基準への変更
　➡債権の回収遅延、期末月売上が異常に大きい、翌期首月売上が異常に小さい、棚卸資産の回転期間が短縮する

・非連結子会社や関連会社等の持分法適用会社等については、未実現利益の消去を除いて相殺消去の対象とはなっていない
　➡関係会社を利用した売上高の操作がありうる

・役員向け売上、従業員向け売上等も操作可能な売上

・不動産や投資有価証券等の固定資産の売却収入の売上高に混入にも注意
　➡「その他の売上」はかなり疑わしい

・連結セグメント区分の変更も期間比較が不能になるため、操作の意思があるケースあり

作も見ておきましょう。
　完全な架空売上の場合には債権の回収は全くなく、期末近くの押し込み販売があった場合には債権の回収遅延、期末月売上が異常に大きい、翌期首月売上が異常に小さい、棚卸資産の回転期間が短縮するなどの兆候があげられました。また、検収基準から出荷基準への会計方針の変更

第5章 与信上の注意点

があった場合にも同様の兆候が現れます。

これ以外の操作としてはまず、**関係会社を利用した売上高の操作**があげられます。連結子会社に対する売上高は、連結グループ内の内部売上として連結損益計算書の作成過程で消去されるのですが、**非連結子会社や関連会社等の持分法適用会社等については、未実現利益の消去を除いて相殺消去の対象とはなっていません**。したがって、これを利用した売上高の操作は容易に行いうることから、こういった連結財務諸表の限界にも注意する必要があります。こういった実質的な内部売上はこれ以外にも**役員向け売上**、**従業員向け売上**等があり、これらは自ら作れる売上であるため、その内容の分析が必要になります。

これ以外にも悪質なケースとして、不動産や投資有価証券等の**固定資産の売却収入を売上高に混入**しているケースがあります。売上高の内訳をとった場合、「**その他の売上**」となっているのはこういったケースが考えられます。固定資産の売却の処理が正しく行われているかのチェックが必要です。有価証券報告書では、連結売上高についてのセグメント情報が開示され、連結グループ全体の部門別売上高がわかるのですが、一番の注意点は**セグメント区分の変更**です。これにより前期比較が困難になる場合が多いため、セグメント区分の変更を繰り返している企業は、問題が多いといわざるを得ません。

54 売上原価の操作

完全な架空在庫や滞留在庫については、「48滞留あるいは架空の在庫・債権」(118頁) で見ていますが、ここではそれ以外の操作を見ておきましょう。

　架空在庫を計上すれば、その金額だけ売上原価が過小表示され

る結果、売上高原価率が低下しました。一方、滞留在庫の場合には、値引き販売となりやすいことから、売上高原価率はむしろ上昇気味となりました。

　在庫の回転期間は、滞留でも架空でも延長するのですが、売上高原価率の動きは逆になる（滞留の場合は架空とは逆に原価率は上昇気味になる）ので、滞留か架空かの判定ができました。それ以外の操作については、売上高の操作でみた**「その他の売上」**が入っている場合には、売上原価にはそれに対応して**「他勘定からの振替高」**が入ってくることがあります。この科目は元々は製造業において、製造原価と販売費及び一般管理費や有形固定資産との振替がある場合に使用されていたものですが、他の科目からの振替により売上原価となるケースにおいても使用されています。

　この科目があった場合には、売上の中にそれに利益を上乗せした「その他の売上」が、含まれていることが多く、その内容の確認が必要です。

　また、逆に売上原価から他の科目への振替が行われた場合には**「他勘定への振替高」**が表示されます。こういった操作により**原価率が意図的に調整されている**ことがあるので、この種の科目には注意が必要です。この「他勘定への振替高」は商品や製品を見本品として得意先へ無償で提供したり、固定資産へ振り替えたりする場合に発生します。その操作性の高さに注意しなければなりません。

　連結セグメント情報では、部門別や所在地別売上だけではなくそれに対応する**営業費用**まで記載されています。この営業費用とは、売上原価に販売費及び一般管理費を加えたものですが、これにより**部門ごと、所在地ごとの営業利益や売上高営業利益率がわかる**ようになっています。前期比較で売上高営業利益率が大きく上昇した場合には、その原因の特定を行い、合理的に説明可能かを検討する必要があります。

●売上減価操作の見分け方●

・架空在庫を計上すれば、その金額だけ売上原価が過小表示される結果、売上高原価率が低下する。一方、滞留在庫の場合には、値引き販売となりやすいことから、売上高原価率はむしろ上昇気味となる

・在庫の回転期間は、滞留でも架空でも延長する

・売上高の操作でみた「その他の売上」が入っている場合には、売上原価にはそれに対応して「他勘定からの振替高」が入っていることがある

・逆に売上原価から他の科目への振替が行われた場合には「他勘定への振替高」が表示される。こういった操作により原価率が意図的に調整されていることがある

・連結セグメント情報では、部門別・所在地別売上だけではなくそれに対応する営業費用まで記載されている。これにより部門ごと・所在地ごとの営業利益や売上高営業利益率がわかる。

55 販売費・一般管理費の操作

　販売費・一般管理費も利益操作によく用いられる項目です。実務上は経常利益や営業利益、売上高などを先に決めてしまうことが多いため、その調整弁として利用されることがよくあります。
　まず、本来は当期の販売費・一般管理費であるにもかかわらず、**前払費用や前払金といったその他の流動資産や長期前払費用等のその他の固定資産（投資等）、さらには開発費等の繰延資産に振り**

●販売費・一般管理費操作の見分け方●

・本来は当期の販売費・一般管理費であるにもかかわらず、前払費用や前払金といったその他の流動資産や長期前払費用等のその他の固定資産（投資等）、さらには開発費等の繰延資産に振り替えて資産計上されるケース

・また逆に当期の未払分について、未払費用、未払金や引当金を計上しないケース

・非連結子会社や関連会社などに自社が負担するべき費用を付け替えて、あたかも費用の発生が少なかったように仮装するケース
　➡いずれも、販売費・一般管理費を過小計上する粉飾

替えて資産計上されるケースがあります。

　また逆に当期の未払分について、**未払費用、未払金や引当金を計上しない**ことによって、費用を過小計上することもあります。

　連結固有の利益操作としては、**非連結子会社や関連会社などに自社が負担するべき費用を付け替えて**、あたかも費用の発生が少なかったように仮装することがあります。例えば自社が負担するべき交際費が1,000千円ある場合に、これを関連会社に付け回す仕訳は次のようになります。

（借）未収金　1,000千円　（貸）交際費　1,000千円

　関連会社が小会社のときに、交際費の税務上の対策としてもよく用いられる方法です。その他の流動資産はもともと資産性に乏しいのですが、特に関連会社向けのものはそれが顕著です。

56 減価償却・引当金の計上不足

　減価償却費と引当金の計上は、外部との支払いを伴わない会社の内部計算であることから、利益操作によく用いられました。

　減価償却については、**税法上の償却限度額は商法上最低限必要な額**と解されており、それすら満たない場合には、商法上違法な粉飾決算となります。

　実務的には、同業他社の採用している減価償却方法や耐用年数を比較することで本当の業績を知ることができます。減価償却不足は耐用年数の延長として現れますが、これは、減価償却資産が過大評価されるだけでなく、利益捻出の見返りとして資金回収が遅れるため、資金繰り上問題が発生します。引当金の計上不足も同様に考えることができます。

　税法基準による引当は、商法上最低限必要です。株式公開企業では、税法基準を超えて、**貸倒引当金**であれば**財務内容評価法**または、**キャッシュ・フロー見積法**による設定が必要になります。また、**退職給付引当金**は、**退職給付債務から年金資産を差し引いた金額**の設定が必要になります。さらに賞与引当金については、税法とは無関係にその設定が必要になります。一方、証券取引法の対象とならない一般の中小企業においては、各種の統計調査でも、ほとんどの企業で引当金を設定していません。したがって、引当金を設定しているだけでもマシな決算といえますが、その場合でも他の項目で粉飾している場合もあり、安心することはできません。**引当金が全くなければ、はじめから節税を放棄している粉飾気味の決算**とみることができます。

●チェックポイント●

・減価償却については、税法上の償却限度額は商法上最低限必要な額と解されており、それすら満たない場合には、商法上違法な粉飾決算

・減価償却不足は耐用年数の延長として現れるが、資金繰り上の問題も発生する

・税法基準による引当は、商法上最低限必要

・引当金が全くなければ、はじめから節税を放棄している粉飾気味の決算とみることができる

57 支払利息の操作

　支払利息は営業外損益項目の中でも雑収入について操作されることの多い項目です。法人税の申告をしている日本企業の約3分の2が赤字ですが、その赤字企業の半数以上が営業損益段階では黒字です。つまり、営業利益は黒字であるが支払利息の負担によって経常損益段階では赤字に転落する企業が多いわけです。このため、最大の赤字要因である支払利息の負担を損益計算書から取り除こうという意思が働きます。最も一般的な方法が**支払利息の資産原価への算入**です。

　支払利息は原則として、期間費用としてその発生した期に費用処理しなければなりません。商法上これには例外が2つあり、**固定資産の自家建設**のケースと**不動産開発**のケースにおいてのみ、支払利息の原価

算入が容認されています。固定資産の自家建設とは、例えば建設会社が自社ビルを自分で建てたり、機械メーカーが自分で使用する機械を作ったりしたケースです。この資金を調達した際の借入金が紐付きである場合には、その支払利息を建物や機械の取得原価に算入することができます。

　不動産開発のケースとは、土地の仕入にはじまり、建物や設備等の造成を行い、付加価値をつけて販売する場合のケースです。この場合には、資金調達に要した借入金利子の販売用不動産（一般企業の製品に相当）への原価算入が容認されています。あくまでも、不動産の開発が必要であり、右のものを左へ移すだけの不動産屋では、これはできません。

　以上の２つのケース以外に支払利息を資産原価に算入していれば、それは商法違反の粉飾であり、分析上は資産原価から支払利息に戻して見る必要があります。この資産原価とは、具体的には棚卸資産（借入金見合いの在庫がある場合に多い）、その他の流動資産（前払費用等）、固定資産（借入金による購入の場合）、繰延資産等の資産原価があげられます。資産原価への算入以外に支払利息が過小計上されているケースとしては、そもそも**支払利息の支払いが遅延しており、かつ現金主義で経理しているケース**があります。この場合には、現金主義経理は妥当性を失っていますので、発生主義に修正して未払計上する必要があります。

　もう一つのケースとしては、**役員からの借入金に対して支払利息を支払っていないケース**です。中小企業に多いのですが、役員への支払いは役員報酬等を通じての調整も可能であるため、役員の負担が過大でないようであれば特に問題にすることはありません。ただし、役員が個人で市中の高利借入を行い、それを会社に低利で貸し付けているケースもあり、資金源泉の調査が必要です。それでは、支払利息の過小計上はどうやって見抜けばよいのでしょうか。

●支払利息のチェックポイント●

・営業利益は黒字であるが支払利息の負担によって経常損益段階では赤字に転落する企業が多い

・支払利息は原則として、期間費用としてその発生した期に費用処理しなければならない

・商法上これには例外が2つあり、固定資産の自家建設のケースと不動産開発のケースにおいてのみ、支払利息の原価算入が容認されている

・そもそも支払利息の支払いが遅延しており、かつ現金主義で経理しているケース
　➡発生主義への修正が必要

・役員からの借入金に対して支払利息を支払っていないケースもあり

支払利息の過小計上の見抜き方
　：借入金や割引手形等のその発生源泉との比較
　　これは期中平均の借入金と割引手形の残高に対して支払利息・割引料が何％に相当するかをみるもの

この結果計算された借入金利が異常に低い場合
　：大企業で金融機関との力関係が強い場合や、中小企業の制度融資等の場合を除いて、支払利息が過小計上されている

逆にこの借入金利が異常に高い場合
　：一つは本当に高金利である場合
　　もう一つは借入金が簿外負債となっている場合

第5章　与信上の注意点

　一つの手段として、借入金や割引手形等のその発生源泉との比較があります。これは期中平均の借入金と割引手形の残高に対して支払利息・割引料が何％に相当するかを見るものです。

$$借入金利（期中平均）＝\frac{支払利息・割引料}{（長短）借入金＋割引手形}$$

（注）社債等の有利子負債は借入金に含める

　この結果計算された借入金利が異常に低い場合、大企業で金融機関との力関係が強い場合や中小企業の制度融資等の場合を除いて、支払利息が過小計上されていると考えられます。

　では逆にこの借入金利が異常に高い場合は、どのように考えればよいでしょうか。一つは**本当に高金利である場合**であり、もう一つは**借入金が簿外負債となっている場合**です。前者が危険信号であることはいうまでもありません。借入金リストの「その他」や個人からの借入は、多くの場合この高利借入です。不動産の担保設定状況（登記簿謄本乙区）においても個人名等が出てくればこの状態で、企業としては末期症状です。また、後者のケースはかなり悪質な粉飾で、正しい借入金リストを要求する必要があります。

58　雑収入の操作

　雑収入による利益操作は「46重要性の原則の利用」（114頁）で既に見ていますが、ここでは簡単にその内容を復習しておきましょう。

　雑収入が実際に営業外収益で、かつ操作されたものでない場合は、表示の不適切さを除いては特に問題ではありません。しかし、本来特別利

益であるものを営業外収益に表示していれば、経常利益が過大に表示されていることになります。特別損益項目は、重要性が乏しく毎期経常的に発生する場合には、営業外損益の部に表示することができます。これを利用して**特別利益を営業外収益に表示することで経常利益をつくることが可能になるわけ**です。

特別利益は、固定資産売却益などの**臨時損益**と引当金戻入益などの**過年度損益修正損益**から成り立っていました。これを営業外収益に計上することで経常利益がその分増加することになります。したがって、特別損失の部があるのにもかかわらず、特別利益の部がない場合には、一応疑ってみる必要があります。また、日本企業の伝統的な損益計算書のスタイルとして、**営業利益は支払利息等の金融費用で消えてなくなり、雑収入が経常利益を構成している状態**があります。この場合には売上高からの利益は経常利益段階では残っていないために、**売上高経常利益率には全く意味がなくなっています**。

この状態であるかどうかを見るには、以下の比率が有効です。

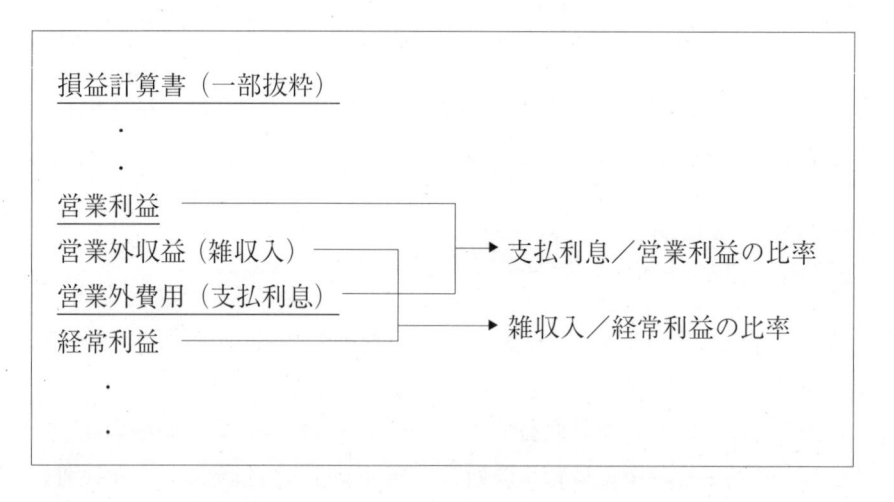

```
損益計算書（一部抜粋）
  ・
  ・
営業利益　　　　　　　　┐
営業外収益（雑収入）　　│──→ 支払利息／営業利益の比率
営業外費用（支払利息）　│
経常利益　　　　　　　　┘──→ 雑収入／経常利益の比率
  ・
  ・
```

第 5 章　与信上の注意点

●雑収入のチェックポイント●

・特別損益項目は、重要性が乏しく毎期経常的に発生する場合には、営業外損益の部に表示することができる
　➡これを利用して特別利益を営業外収益に表示することで経常利益をつくることが可能になる

支払利息／営業利益×100が70％以上でかつ
雑　収　入／経常利益×100も70％以上であれば
利益操作の疑いが濃厚

　支払利息で営業利益がほとんど消えている状態とは、**支払利息／営業利益×100が70％以上である状態**です。この場合には、雑収入が経常利益を構成している場合が多いため、**雑収入／経常利益×100を計算し、これも70％以上であれば利益操作の疑いが濃厚**です。
　この場合には、経常利益のほとんどが雑収入から成り立っていますので、雑収入がない場合の利益を考える必要があります。

59　表示上の操作

　表示上の操作としては、重要性の原則を利用した経常利益の操作（特別利益を営業外収益や売上高に表示する方法）の他にも、**固定資産を流動資産に表示**したり、**資産と負債を違法に相殺表示**して、流動比率や資産の回転率をよくみせかける操作があります。
　まず、その他の流動資産の中で、資産性に乏しいものとして**仮払金、未収金、立替金、短期貸付金**といった**短期金銭債権**がありました。

本来これは1年基準で流動資産に表示されたわけですから、当然のことながら1年以内に回収されていなければなりません。しかし、現実には前期に計上されていたものがそのまま当期末まで残っている場合が多く、その場合には**回収が確実なものであれば、固定資産に表示するのが正しい表示方法**であったことになります。こういった場合には、**流動比率も水増し計上されている**ことに注意しなければなりません。

しかし、多くの場合はその回収可能性が低く、資産性がないと見るのが実務上の見方でした。

回収可能性が不明であれば、貸借対照表からその他の流動資産を除去すると共に、資本の部の当期未処分利益から同額を除去し、前期比較で判明するその他の流動資産の当期増加額を当期利益から差し引く必要があります。

なお、不健全流動資産には当たらないのですが、流動比率等の静態的比率の算定の際には借入金等の**担保に供されている定期性預金等も、これを固定資産に表示替え**をした上で分析を行う必要がありました。

これ以外にも、例えば**更生債権となった売掛金や不渡手形となった受取手形**を1年基準で固定資産への振替えを行わずに、流動資産のまま表示していることがあります。売掛金や受取手形は（正常）営業循環基準により流動資産に表示されますが、**更生債権や不渡手形は1年基準により、多くの場合固定資産に表示される**ことになります。その回収が1年を超えるケースが多いからです。

資産と負債を違法に相殺表示する例としては、**滞留した売掛金や在庫を支払手形や買掛金と相殺表示して、適正な残高のように見せかける**ことがあります。

売掛金や在庫が滞留すると、資金繰りが苦しくなる上に、金融機関からそれを指摘され、解決策を迫られることになります。資金繰りが苦し

第5章　与信上の注意点

●表示上の操作パターン●

・表示上の操作としては、
　固定資産を流動資産に表示　　　　流動比率や資産の回転率を
　資産と負債を違法に相殺表示　➡　よくみせかける操作がある

・仮払金、未収金、立替金、短期貸付金といった短期金銭債権
　で1年以上滞留してるもの
　　➡回収が確実なものであれば、固定資産に表示するのが正し
　　　い表示方法
　　　回収可能性が不明であれば、貸借対照表からその他の流動
　　　資産を除去する

　　こういった場合には、流動比率も水増し計上されている

・更生債権や不渡手形は1年基準が適用される
　　➡多くの場合固定資産に表示するのが正しい表示方法

・滞留した売掛金や在庫を支払手形や買掛金と相殺表示して、
　適正な残高のように見せかけることがある
　　➡資金繰表等他の資料の整合性を確かめる必要がある

くなれば、仕入先や外注先への支払いが滞るようになるため、支払手形や買掛金の残高が膨らんできます。この資産・負債の両膨らみを相殺すれば、適正な残高のように見えるわけです。

　この操作を見抜くには、**資金繰表等他の資料の整合性**を確かめる必要があります。すべての資料を粉飾することは困難であり、どこかでボロがでるケースが多いものです。

60 会計方針の変更

　連結財務諸表においても、財務諸表作成上での会計方針の選択は重要な意味をもちました。

　会計方針とは、**会計処理の原則及び手続（さらには表示方法）をいいました**（101頁参照）。

　連結財務諸表規則でも会計処理基準に関する事項は記載が求められており（連結財務諸表規則第13条第1項第4号）、具体的には以下の事項が記載されました（連結財務諸表規則第13条第5項）。

1．重要な資産の評価基準及び評価方法
2．重要な減価償却資産の減価償却の方法
3．重要な引当金の計上基準
4．連結財務諸表の作成の基礎となった連結会社の財務諸表の作成にあたって採用した重要な外貨建の資産または負債の本邦通貨への換算の基準
5．重要なリース取引の処理方法
6．その他連結財務諸表作成のための重要な事項

　優良企業は節税目的から利益を抑制する会計方針を選択し、問題企業は信用目的から利益を捻出する会計方針を選択しようとしました。したがって、会計方針の変更がある場合にはその**変更が利益抑制型への変更なのか、利益捻出型への変更なのか**を見ることで、粉飾の可能性を推定することができます。利益を抑制して節税を図るような優良企業には、そもそも粉飾しようという動機が働

●会計方針変更の注意点●

・会計方針とは、会計処理の原則及び手続（さらには表示方法）をいう

・優良企業は節税目的から利益を抑制する会計方針を選択し、問題企業は信用目的から利益を捻出する会計方針を選択しようとする

➡ したがって、会計方針の変更がある場合にはその変更が利益抑制型への変更なのか、利益捻出型への変更なのかを見るのがポイント（その変更の理由はあてにならない）

➡ 変更の向きが利益抑制型か利益捻出型か、その向きにのみ注意

かないからです。逆に利益を捻出しようとする会計方針への変更を行う企業は、それでも利益が足らなければさらに粉飾する動機が潜在的に存在しているといえるでしょう。

会計理論上は、正当な理由があれば会計方針の変更を行うことができるとされています。しかし、実務上は「収益と費用を適切に対応させるため」といったように、あまり意味のない理由がまかり通っています。したがって、変更の理由は参考にはなりません。**変更の向きが利益抑制型か利益捻出型か、その向きにのみ注意してください。**

それでは、問題となる可能性の高い会計方針の変更（利益抑制型から利益捻出型への変更）を整理しておきましょう。

1．重要な資産の評価基準及び評価方法
　　棚卸資産の評価基準
　　低価法→原価法

2．重要な減価償却資産の減価償却の方法

　有形固定資産の減価償却方法

　定率法→定額法（利益に与える影響はこれが最も大きい）

3．重要な引当金の計上基準

　①　貸倒引当金

　　財務内容評価法またはキャッシュ・フロー見積法→税法基準

　②　退職給付引当金

　　将来支給額の割引現在価値→税法基準

4．収益の計上基準

　検収基準→出荷基準

5．キャッシュ・フロー計算書における資金の範囲

　資金の範囲を拡大する変更

6．その他

　支払利息を資産原価に算入する会計処理の内容

　　発生時費用処理→資産原価に算入　等

61　税効果会計の利用

　損益計算書では、税引前当期利益から法人税等充当額（法人税・住民税・事業税）が控除されて、当期利益が表示されます。

　しかし、法人税等充当額の計算のベースとなるのは、課税所得であって税引前当期利益ではありません。このことから、税引前当期利益は黒字であるのに、それを超える法人税等充当額が計上され、当期利益が赤字になるケースや、税引前当期利益から法人税等充当額がほとんど差し引かれないケースなどが出てきます。つまり、法人税等充当額が会計とは異なる要素で決定されるため、それを差し引いた後の当期利益があま

第5章　与信上の注意点

り意味をなさないケースがあるといえましょう。

こういった場合に、法人税等充当額を税引前当期利益に比例させることで、税引後の**当期利益を会計的に意味のある金額に修正する**のが、税効果会計の役割です。新しい会計制度での税効果会計は**資産・負債法**といい、必ずしも当期利益のみの修正ではないのですが、理解の導入部分としては当期利益を適正にするものという理解が入りやすいと思います。

それでは、税引前当期利益と課税所得とはどこが違うのでしょうか。根本的な相違点は、税引前当期利益が**商法**に基づいて計算されるのに対して、課税所得は**法人税法**に基づいて計算される点にあります。商法は**債権者の保護**を目的とし、法人税法は**課税の公平**を目的としていることから、それぞれの理念の相違が計算プロセスや金額の相違となって現れてくるのです。

しかしながら、わが国の法人税法は確定決算主義を採っており、商法上の当期利益を基にしてその金額を計算していることから、両者は全く無関係というわけではありません。

ここではまず、両者の関係を整理しておきましょう。

> 課税所得＝益金－損金
> 益金＝収益＋益金算入－益金不算入
> 損金＝費用＋損金算入－損金不算入

まず、課税所得は法人税法上の**益金**から**損金**を差し引いて計算します。

この益金は企業会計上の収益を基礎として、収益ではないが益金となるものを加えて、収益ではあるが益金とはならないものをマイナスして

計算します。前者を**益金算入**、後者を**益金不算入**といいます。
　一方損金は企業会計上の費用を基礎として、費用ではないが損金となるものを加えて、費用ではあるが損金とはならないものをマイナスして計算します。前者を**損金算入**、後者を**損金不算入**といいます。
　収益－費用＝当期利益とすると、当期利益と課税所得との関係は次のようになります。

> 課税所得＝当期利益＋益金算入＋損金不算入－益金不算入
> 　　　　－損金算入

　この益金算入と損金不算入は頭にプラスがついていることから加算項目、益金不算入と損金算入は頭にマイナスがついていることから、減算項目となります。
　今、税引前当期利益が1,000千円で、税効果会計適用前の法人税等充当額が480千円の会社があるとしましょう。法人税、住民税、事業税を合わせた実行税率が40％とした場合、課税所得は法人税等充当額から1,200千円であると推定されます（480千円÷40％＝1,200千円）。
　このままでは、税引後の当期利益は520千円（1,000千円－480千円）となり、税引前当期利益とは比例していないために会計的に意味の乏しい数値になってしまいます。
　これを防ぐために税効果会計を適用し、法人税等充当額を400千円（1,000千円×40％）に修正して、税引後の当期利益を600千円（1,000千円－400千円）とすることで、会計的に意味のある数値にすることが可能になります。

【税効果会計適用前】
　　税引前当期利益　　　1,000千円

第5章　与信上の注意点

　法人税等充当額　　　480
　当期利益　　　　　520千円

【税効果会計適用後】
　税引前当期利益　　1,000千円
　法人税等充当額　　　480　　　｝調整後の
　法人税等調整額　▲80　　　　法人税等400千円
　当期利益　　　　　600千円

　上記の法人税等調整額により、法人税等充当額480千円は80千円減らされて実質的に400千円になります。

　これを仕訳で表わすと次のようになります。

（借）繰延税金資産80（貸）法人税等調整額80

　この仕訳により、損益計算書には法人税等調整額が（法人税等充当額のマイナスとして）80千円計上され、一方貸借対照表には繰延税金資産が80千円資産計上されることになります（逆のケースでは繰延税金負債が計上されます）。

　今の設例は課税所得の方が税引前当期利益よりも200千円多い例でした。

　これはどういうケースで起こりうるのでしょうか。実務上で最も多いケースが、**損金不算入で加算**となるケースであり、具体的には次のような例があります。

---
① 減価償却費の償却限度超過
② 引当金の繰入限度超過
③ 有価証券の評価損の否認
④ 棚卸資産の評価損の否認

これらの場合はいずれも、会計上の費用が税務上の損金として認められなかったケースに該当します。

　減価償却費の償却限度超過とは、例えば法人税法上では300千円の減価償却費しか認められていないにもかかわらず、会計上では500千円の減価償却費を計上していたようなケースがこれに該当します。

　これらのケースでは、**費用＞損金**であるために**利益＜課税所得**となるので、利益からスタートして課税所得を導くには加算する必要があります（なお、加算・減算の調整は正確には（税引後の）当期利益よりスタートするので、損益計算書上の法人税等充当額は必ず加算項目となります）。

　先程の例では、税務上の法人税等充当額の調整を行い、会計上の法人税等充当額に直すことで、税引後の当期利益を会計的に意味のある利益に修正しました。

　この調整は、会計上の所得と税務上の税引前当期利益のズレに起因するものでしたが、このズレには2種類あり、時間の経過と共に消滅するズレ（**一時差異**といいます）と消滅しないズレ（**永久差異**といいます）とに分かれます。

　減価償却費の償却限度超過は、一時差異の方です。この**一時差異の場合にのみ税効果会計は適用され、ズレが解消されない永久差異の方は適用されません。**

　永久差異の例としては、具体的には交際費の損金不算入や受取配当金の益金不算入などがあります。

　繰延税金資産が計上される前提としては、それがいずれ消滅する（その際にはもう一度法人税等に戻る）という前提があります（これを**回収可能性**があるといいます）。

　したがって、**将来の課税所得が十分にある**（と期待される）ことや、タックス・プランニングの存在が繰延税金資産計上の要件の一つになり

第 5 章　与信上の注意点

●税効果会計による当期利益の算出法●

・法人税等充当額を税引前当期利益に比例させることで、税引後の当期利益を会計的に意味のある金額に修正するのが、税効果会計の役割

・税引前当期利益が商法に基づいて計算されるのに対して、課税所得は法人税法に基づいて計算される
　➡商法は債権者の保護を目的とし、法人税法は課税の公平を目的としていることから、それぞれの理念の相違が計算プロセスや金額の相違となって現れてくる

・繰延税金資産はその回収可能性が問題となり、実務上の扱いはその他の流動資産やその他の固定資産と同様に資産性に乏しいものと見る必要がある

・証券取引法適用会社や商法上の大会社についても、繰延税金資産は単に計算上の資産で実体はないことから、実質的な純資産の算定上はこれを取り除いて算定する必要があると共に、その増加額を当期利益から差し引いて考えるのが妥当

ます。
　税効果会計が強制的に適用されるのは、今のところ証券取引法適用会社と商法上の大会社に限定されています（中小企業は任意）。したがって中小企業がこれを計上していれば、利益の嵩上げに利用しようとする意図が推定されます。その際には、**特に繰延税金資産の回収可能性が問題となり、実務上の扱いはその他の流動資産やその他の固定資産と同様に資産性に乏しいものと見る必要があります。**

証券取引法適用会社や商法上の大会社についても、**繰延税金資産**は単に計算上の資産で実体はないことから、**実質的な純資産の算定上はこれを取り除いて算定する必要があると共に、その増加額を当期利益から差し引いて**考えるのが妥当です。

62 金融商品の時価評価の利用

有価証券の評価基準について、商法上は**原価法**と**低価法**、さらに**時価法**の選択が認められており、評価方法としては実務上移動平均法と総平均法の方法が選択できるようになっていました（103頁参照）。

ただし、証券取引法適用会社は、有価証券の種類に応じた評価基準が以下のように定められており、選択の余地はありません。

特に「その他の有価証券」は、評価差益を資本の部に直接計上し、毎期洗い替え処理するために、**この売却による益出しは、新会計基準実施後も依然として可能**である点に注意する必要がありました。

種類	評価基準	評価差額の取扱い
売買目的	時価	損益に計上
満期保有債券	償却原価(注1)	同上
関係会社株式	原価	
その他の有価証券	時価 （平成14年3月期から）	資本の部に直接計上(注2)

（注1） 償却原価とは、債券を額面金額よりも低い価額または高い価額で取得したときに、取得価額と額面金額との差額を毎期利息として計上し、取得価額に加算または減算した価額をいいます。
（注2） 評価差額（評価差益及び評価差損）の合計額を資本の部に計上する**全部資本直入法**と、評価差益は資本の部に計上するが評価差損は当期の損失として処理する**部分資本直入法**があります。

第5章　与信上の注意点

●有価証券の評価基準の留意点●

・有価証券の評価基準について、商法上は原価法と低価法、さらに時価法の選択が認められている

・「その他の有価証券」は、評価差益を資本の部に直接計上し、毎期洗い替え処理するために、この売却による益出しは、新会計基準実施後も依然として可能

・また、全部資本直入法よりも、部分資本直入法を採用している企業の方が、利益抑制型の堅い決算

・問題は中小企業において有価証券の時価評価の制度をつまみ食いする場合に発生する

・証券取引法の適用対象ではない中小企業がこの有価証券の時価評価により評価益を計上していれば、利益操作を行ったことが明らかであり、評価益部分を純資産と当期利益（売買目的有価証券の場合）から除いて考える必要がある

　また、**全部資本直入法よりも、部分資本直入法を採用している企業の方が、利益抑制型の堅い決算を行っている**といえます。
　問題は中小企業において有価証券の時価評価の制度をつまみ食いする場合に発生します。従来から有価証券の売却による益出しは利益操作によく用いられていましたが、新商法では売却することさえ必要ではなく、評価益の計上が容認される結果となっています。配当可能利益の算定上はこの評価益を取り除くことにはしているのですが、証券取引法との調整のため、商法の債権者保護の思想は一歩後退したといえる

でしょう。**証券取引法の適用対象ではない中小企業がこの有価証券の時価評価により評価益を計上していれば、利益操作を行ったことが明らかであり、評価益部分を純資産と当期利益**（売買目的有価証券の場合）から除いて考える必要があります。

63　退職給付引当金の計上不足

　平成13年3月期から、証券取引法適用会社には退職給付引当金の計上が義務づけられました（108頁参照）。**退職給付引当金は、退職給付債務から年金資産を差し引いて計算されました。**

　退職給付債務の計算過程において、退職給付見込額のうち当期末までの勤務期間に対応する金額を現在価値に割り引く際には、企業が自ら適切な割引率を選定することになります。この割引率如何によって退職給付債務は大きく影響を受けます。具体的には3％から4％までの間で割引率を選定することになると思われますが、**3％を選択する企業は退職給付債務を多めに見積もる優良企業、4％を選択する企業は退職給付債務を少な目に見積もろうとする問題企業**であるといえました。

　また、退職給付引当金設定時には、会計処理の変更時差異を最長15年かけて退職給付費用として計上することになりますが、**1年で償却する企業は問題なく優良企業**といえます。これを**最長の15年で償却する企業は、かなり問題がある**といわざるを得ません。通常の企業は1年から5年のスパンでの償却を考えていると思われます。

　さらに、この会計処理の変更時差異の未認識分（未償却分）については財務諸表に注記されますので、その金額を資本から減らし、負債に追加計上してから分析する必要があります。

第5章 与信上の注意点

●退職給付引当金のとらえ方●

・退職給付引当金は、退職給付債務から年金資産を差し引いて計算される

・割引率3％を選択する企業は退職給付債務を多めに見積もる優良企業、4％を選択する企業は退職給付債務を少な目に見積もろうとする問題企業

・会計処理の変更時差異を1年で償却する企業は問題なく優良企業、最長の15年で償却する企業は、問題企業

・変更時差異の未認識分（未償却分）は、その金額分だけ資本を減らし負債を増やしてから分析

・中小企業では退職給与引当金が計上されているだけで優良企業

なお、証券取引法の適用を受けない中小企業は退職給与引当金を設定することになりますが、最も一般的な基準は**税法基準**です。ただし、各種の統計調査では、全法人の約5％程度しか退職給与引当金が計上されておらず、中小企業ではこれが計上されているだけで優良企業といえます。

64 取得原価主義と時価主義のミックス

有価証券等の金融資産を除いて、**個別財務諸表は取得原価主義**によって作成されています。棚卸資産については原価法と低価法の選択が認

●チェックポイント●

個別財務諸表は取得原価主義
連結財務諸表上は土地等の不動産を中心に時価主義的要素あり
➡連結財務諸表は、取得原価主義に基づく親会社財務諸表と時価主義に基づく子会社財務諸表とのミックス
➡実質的な時価純資産の把握に注意

められ、有形固定資産については定率法や定額法などの選択が認められていますが、いずれも時価主義とは異なるものです。

一方、**連結財務諸表上は子会社の資産・負債について時価評価した後に親会社の財務諸表との合算・消去を行うため、土地等の不動産を中心に時価主義**での評価が行われることになります（ただし、子会社の資産・負債の時価評価は親会社が子会社の株式を取得した時点のものであり、現在時点の時価評価ではありません。また、部分時価評価法と全面時価評価法とで、時価評価する範囲が異なります）。

このため**連結財務諸表は、取得原価主義に基づく親会社財務諸表と時価主義に基づく子会社財務諸表とのミックス**となっています。したがって、例えば土地の金額一つにしても親会社が取得したものであれば取得原価のままで評価され、子会社が取得したものであれば（親会社が子会社の株式を取得した時点の）時価で評価されており、その金額の意味は統一的なものではありません。

連結財務諸表においては、親会社の資産・負債の時価に常に注意をはらい、含み損益の把握、さらには実質的な時価純資産の把握を心がける必要があります。そのための材料として、親会社単独の財務諸表とその

第5章　与信上の注意点

科目明細が重要となります。有価証券報告書において連結財務諸表の補足資料として親会社財務諸表が掲載されるのは、こういった理由があるからです。

65　定性的情報の欠如

　連結財務諸表に限りませんが、財務諸表の限界として定性的情報の欠如があげられます。経営者の理念、情熱、従業員の優秀さといった数値で計れないものについては、財務諸表から伺い知ることはできません。
　子会社の評価に当たり**営業権**を評価したり、投資消去差額の処理として**連結調整勘定**で処理することはありますが、これも完全なものではなく、便宜的なものに過ぎません。
　会社の規模が大きい場合には、決算書を中心に経営分析を行っても差し支えないのですが、中小企業になればなるほど社長個人の力量に依存するウェイトが大きく、社長の評価がそのまま会社の評価に直結します。
　大企業での定性的情報は、有価証券報告書では『**事業の状況**』等の他の部分で記載されます。これらの部分の情報と財務諸表の数値とのつながりを確認することで、経営方針が利益に対してどのような影響を与えているかを知ることができます。例えば、単品管理により粗利率の向上を目指している旨の記述があれば、損益計算書の中でそれをチェックする作業が必要です。
　財務諸表の数値と定性的情報を組み合わせることで多面的な分析が可能になります。社長との面談が不可能であれば、その会社を見学するだけでも会社の状況を知るには有効です。電話の鳴り具合や応接室の状況からだけでも会社の実態を知る手がかりを入手できます。
　応接室や社長室にあまりに華美な装飾品や、政治家や財界人と一緒に

●定性的情報の重要性●

・連結財務諸表に限らず、財務諸表の限界として定性的情報の欠如があげられる

・子会社の評価に当たり営業権を評価したり、投資消去差額の処理として連結調整勘定で処理することはあるが、便宜的なものに過ぎない

・定性的情報は、有価証券報告書では『事業の状況』等の他の部分で記載される

・これらの部分の情報と財務諸表の数値とのつながりを確認することが必要

・財務諸表の数値はいかようにも作ることができるという認識のもと、実態を見抜く目を経験によって培うことが重要

写っている写真などがあれば、マイナス材料として考えなければなりません。

財務諸表の数値はいかようにも作ることができるという認識のもと、実態を見抜く目を経験によって培うことが重要です。

66 会計処理の多様性

財務諸表は、『記録と慣習と判断の総合表現』といわれ、最終的には**経営者の主観的判断**が介入します。企業会計原則では、一般原則の

第5章　与信上の注意点

●財務諸表の限界●

・財務諸表は、『記録と慣習と判断の総合表現』といわれ、最終的には経営者の主観的判断が介入する

・この会計方針の選択如何によって企業利益は大きく変動する

・優良企業は節税目的から利益を抑制する会計方針を選択し、問題企業は信用目的から利益を捻出する会計方針を選択する

・ただし、これらはいずれも企業会計原則で認められた方法であり、決して違法な決算ではない

・この認められた幅が非常に広いのが日本の会計制度の大きな特徴

冒頭に「真実性の原則」を掲げているのですが、この「真実性」とは**相対的真実性**を意味すると解されています。すなわち、真実な利益は複数あるという解釈です。

連結財務諸表においても、財務諸表作成上での会計方針の選択に判断が介入しました（101頁参照）。

この**会計方針の選択如何によって企業利益は大きく変動しました。**

例えば棚卸資産の評価基準を**原価法**によるか**低価法**によるか等は選択できるため、優良企業は低価法により評価損を積極的に計上するのに対して、問題企業は原価法により含み損を抱えた状態となっています。また、有形固定資産の減価償却方法の選択においても、**優良企業は定**

率法を採用するのに対して、**問題企業は定額法**を採用し、費用負担を平準化しようとします。

　優良企業は節税目的から利益を抑制する会計方針を選択し、問題企業は信用目的から利益を捻出する会計方針を選択しようとしました。

　ただし、これらはいずれも企業会計原則で認められた方法であり、決して違法な決算ではありません。**この認められた幅が非常に広いのが日本の会計制度の大きな特徴**です。

　したがって同業他社との比較を行う際にも会計方針の選択状況を常に比較しなければなりません。定率法で減価償却をしている企業と定額法で減価償却をしている企業の財務諸表を単純に比較しても、全く意味がありません。

　こういった意味での財務諸表の持つ限界にも注意する必要があります。

67　将来予測の困難性

　財務諸表の限界としては他にも、**それは過去の結果を示すものであって将来を保証するものではない**と言う点があげられます。

　有価証券報告書が刊行されるのは、決算時より３カ月が経過した時点であり、そこに記載されている内容は、経営者の感覚からいえばかなり昔の話です。

　変化の乏しい安定した時代では過去の延長線上に将来を予測することができましたが、ITに代表されるように変化のスピードの早い現代では、**過去と将来の連続性が崩れており、過去の利益が将来的に続く保証は何もありません。**

　よくキャッシュ・フローで長期債務の償還年数を計算したりしますが、

●将来予測が困難な理由●

・財務諸表の限界として、過去の結果を示すものであって将来を保証するものではないと言う点があげられる

・しかし現代は過去と将来の連続性が崩れており、過去の利益が将来的に続く保証は何もない
　　一方で会社の予想損益計算書は、希望的予測に基づくもの
　➡月次レベルでの予実比較によりその信憑性を検証する必要がある

　それは今期のキャッシュ・フローが将来も続くという大前提があります。その前提が崩れている状態では単なる気休めの数値でしかありません。
　予算数値や月次決算の数値など、常に現況の把握に努めなければなりません。そういった情報が入手できないのであれば与信行為はたんなる博打に過ぎないといえるでしょう。
　一方で会社が提出する**予想損益計算書は、希望的予測に基づくもの**と考えておく必要があります。売上が数％ずつ伸びているような予測は、多くの場合現実的ではありません。融資を引き出す手段として、利益が順調にでるようにみせかけているに過ぎません。**月次レベルでの予実比較によりその信憑性を検証する必要があります。**

第6章

簡単な連結財務諸表の作成

68 100％子会社・連結調整勘定のないケース〜B/S〜

　連結財務諸表の見方については、これまで見てきたとおりですが、ここでは簡単な連結財務諸表の作成方法について見ておきましょう。考え方さえ理解できれば決して難しいものではありません。一つ一つ事例を通じて理解してください。

　まずは100％会社で連結調整勘定のない一番やさしいケースから見ていきましょう。

　連結財務諸表では、親会社をＰ社（Parent）、子会社をＳ社（Subsidiary）と略するのが普通です。今、Ｐ社の貸借対照表が以下のような状態であったとします（以下単位：千円）。

P社B／S

資　産	90,000	負　債	40,000
		資　本	50,000
合　計	90,000	合　計	90,000

　この状態から、10,000千円で新たに子会社を設立したとします。設立時の仕訳はP社とS社でそれぞれ次のようになります。

　　　　　P社　　　　　　　　　　　S社
（借）S社株式　（貸）資産　　（借）資産　（貸）資本
　　10,000　　　　10,000　　　　10,000　　　10,000

P社B／S

資　産	80,000	負　債	40,000
S社株式	10,000	資　本	50,000
合　計	90,000	合　計	90,000

S社B／S

資　産	10,000	資　本	10,000
合　計	10,000	合　計	10,000

　資産のうち、10,000千円がS社株式にかわっています。上の仕訳がそのままB／Sになっています。
　両社の貸借対照表を単純に合算すると次のようになります。

合算B／S

資　産	80,000	負　債	40,000
S社株式	10,000	負　債	50,000
資産（S社）	10,000	資本（S社）	10,000
合　計	100,000	合　計	100,000

　単純合算の段階では、連結グループ全体で見た場合、**S社株式は自己株式に相当**します。したがって、これを資本と相殺消去します。

第6章　簡単な連結財務諸表の作成

●チェックポイント●

・投資と資本の相殺消去によって親会社の持つS社株式はS社の資本勘定と相殺消去される
　➡その結果、連結上の資本金は必ず親会社の資本金と一致する

連結相殺消去仕訳

（借）資　本　（S社）10,000　（貸）S社株式 10,000

相殺消去後の連結貸借対照表は、次のようになります。

連結B／S

資　産	90,000	負　債	40,000
		資　本	50,000
合　計	90,000	合　計	90,000

つまり、**もとのP社貸借対照表に戻る**ことになります。これは100％子会社の場合、S社は子会社としてではなく、P社の一部門に過ぎないとみているためです。**連結の基本思想はこのようにS社の存在を否定し、S社の設立前に戻るところにあります。**

手続上は、S社株式取得時点のS社の資本は、P社のもつS社株式と相殺消去されます。

これを**投資（S社株式）と資本の相殺消去**と呼んでいます。この結果、**連結貸借対照表上の資本金は必ずP社の資本金と一致**します。

69 100％子会社・連結調整勘定のないケース～P／L～

それでは、同じケースで損益計算書を見ていきましょう。

先程のケースの翌期のP社とS社の損益計算書が次のようであったとします（以下単位：千円）。

P社P／L

費 用	8,000	収 益	10,000
利 益	2,000		
合 計	10,000	合 計	10,000

S社P／L

費 用	700	収 益	1,000
利 益	300		
合 計	1,000	合 計	1,000

これを単純合算すると次のようになります。

合算P／L

費 用	8,700	収 益	11,000
利 益	2,300		
合 計	11,000	合 計	11,000

今度は連結修正消去仕訳は、必要ありません。100％子会社の場合、基本的には親会社のP／Lとの単純合算で、連結グループ全体の経営成績を表わすと考えられるからです。したがって上記の合算P／Lがそのまま連結P／Lとなります。

連結P／L

費 用	8,700	収 益	11,000
利 益	2,300		
合 計	11,000	合 計	11,000

第6章 簡単な連結財務諸表の作成

●チェックポイント●

100％子会社の場合には、基本的には親子会社の損益計算書の単純合算で連結損益計算書が作成される

70 100％子会社・連結調整勘定のあるケース～B／S～

それでは、今度は連結調整勘定のあるケースを見ていきましょう。連結調整勘定は、親会社の持つS社株式と子会社の資本勘定の金額が異なる場合に発生しました。

S社株式取得前のP社の貸借対照表が以下のような状態であったとします（以下単位：千円）。

P社B／S

資　産	90,000	負　債	40,000
		資　本	50,000
合　計	90,000	合　計	90,000

この状態で、以下のS社の株式の100％を今度は12,000千円で取得したとします。

S社B／S

資　産	10,000	資　本	10,000
合　計	10,000	合　計	10,000

（資産の時価情報は不明とします）

今度はS社の資本勘定の金額とS社株式の金額は合致しません。既に設立済みの会社の株式を取得する場合には、このように資本勘定とS社株式の金額にズレが生じるのが一般的です。

167

S社株式取得後のP社の貸借対照表は次のとおりになっています。

P社B／S

資　産	78,000	負　債	40,000
S社株式	12,000	資　本	50,000
合　計	90,000	合　計	90,000

資産のうち12,00千円がS社株式にかわっています。

先程と同じようにP社とS社の貸借対照表を単純合算すると次のようになります。

合算B／S

資　産	78,000	負　債	40,000
S社株式	12,000	資　本	50,000
資産（S社）	10,000	資本（S社）	10,000
合　計	100,000	合　計	100,000

連結グループ全体で見た場合、**S社株式は自己株式に相当する**ことに変わりはありません。したがって、これを資本と相殺消去します。ただし今度は相殺消去の際に差額が発生しますので、これを**連結調整勘定**で処理します。

連結相殺消去仕訳

（借）資本 （S社）10,000　（貸）S社株式 12,000
　　　連結調整勘定　2,000

相殺消去後の連結貸借対照表は、次のようになります。

第6章　簡単な連結財務諸表の作成

●チェックポイント●

投資と資本の相殺消去によって親会社の持つS社株式はS社の資本勘定と相殺消去される
➡ その結果、投資消去差額の原因分析ができない場合、連結調整勘定で処理される

連結B／S

資　産	88,000	負　債	40,000
連結調整勘定	2,000	資　本	50,000
合　計	90,000	合　計	90,000

資産のうち2,000千円が、連結調整勘定となっているのが注意点です。**投資**（S社株式）と**資本の相殺消去の差額（投資消去差額）**が連結調整勘定として処理されたためです。なお、連結調整勘定は原則として発生年度から20年以内に定額法その他の合理的な方法により**償却されます**（今の設例では償却は省略しています）。また、この場合も**連結貸借対照表上の資本金は必ずP社の資本金と一致します。**

71　100％子会社・連結調整勘定のあるケース～P／L～

それでは、先程と同じケースで損益計算書を見ていきましょう。
先程のケースの翌期のP社とS社の損益計算書が次のようであったとします（以下金額単位：千円）。

●チェックポイント●

100％子会社の場合でも連結調整勘定がある場合には、その償却計算を経て連結損益計算書が作成される

P社P／L

費 用	8,000	収 益	10,000
利 益	2,000		
合 計	10,000	合 計	10,000

S社P／L

費 用	700	収 益	1,000
利 益	300		
合 計	1,000	合 計	1,000

これを単純合算すると次のようになります。

合算P／L

費 用	8,700	収 益	11,000
利 益	2,300		
合 計	11,000	合 計	11,000

今度は連結修正消去仕訳が必要となります。連結調整勘定の償却の仕訳は次のようになります。

（借）連結調整勘定償却 100 　（貸）連結調整勘定 100
　　　100＝2,000÷20年

連結調整勘定償却は（借）の場合は販売費及び一般管理費に、（貸）にでる場合は営業外収益に表示します。

連結P／L

費 用	8,700	収 益	11,000
連結調整勘定償却	100		
利 益	2,200		
合 計	11,000	合 計	11,000

72　60%子会社・連結調整勘定のないケース〜B/S〜

それでは今度は、100%子会社でないケースを見ておきましょう。まずは連結調整勘定が発生しないケースから見ていきます。

今までのケースと同様に、P社の貸借対照表が以下のような状態であったとします（以下単位：千円）。

P社B／S

資　産	90,000	負　債	40,000
		資　本	50,000
合　計	90,000	合　計	90,000

この状態から、10,000千円で新たに子会社を設立したとします。ただし今度はP社の出資は60%の6,000千円で、残りの40%は他社に出資してもらったとします。この場合の設立時の仕訳はP社とS社でそれぞれ次のようになります。

P社
（借）S社株式　　（貸）資産
　　　6,000　　　　　　6,000

S社
（借）資産　　（貸）資本
　　　10,000　　　　10,000

P社B／S

資　産	84,000	負　債	40,000
S社株式	6,000	資　本	50,000
合　計	90,000	合　計	90,000

S社B／S

資　産	10,000	資　本	10,000
合　計	10,000	合　計	10,000

資産のうち、6,000千円がS社株式にかわっています。上の仕訳がそのままB／Sになっています。

両社の貸借対照表を単純に合算すると次のようになります。

●チェックポイント●

100％子会社でない場合には少数株主持分が発生する。これは負債と資本の間で表示する

合算B／S

資　　産	84,000	負　　債	40,000
S社株式	6,000	資　　本	50,000
資産（S社）	10,000	資本（S社）	10,000
合　　計	100,000	合　　計	100,000

単純合算の段階では、連結グループ全体で見た場合、**S社株式は自己株式に相当する**のは変わりありません。したがって、これを資本と相殺消去します。ただし、今度はS社資本勘定のうち、親会社の持分に属さない部分がでてきます。これが**少数株主持分**であり、S社資本勘定からの振替を行い、負債と資本の間で表示します。

連結相殺消去仕訳
（借）資本　（S社）10,000　　（貸）S社株式　　6,000
　　　　　　　　　　　　　　　　　少数株主持分　4,000
相殺消去後の連結貸借対照表は、次のようになります。

連結B／S

資　　産	94,000	負　　債	40,000
		少数株主持分	4,000
		資　　本	50,000
合　　計	94,000	合　　計	94,000

第6章 簡単な連結財務諸表の作成

73 60%子会社・連結調整勘定のないケース～P/L～

それではまた、同じケースで損益計算書を見ていきましょう。

先程のケースの翌期のP社とS社の損益計算書が次のようであったとします（以下金額単位：千円）。

P社P/L

費 用	8,000	収 益	10,000
利 益	2,000		
合 計	10,000	合 計	10,000

S社P/L

費 用	700	収 益	1,000
利 益	300		
合 計	1,000	合 計	1,000

これを単純合算すると次のようになります。

合算P/L

費 用	8,700	収 益	11,000
利 益	2,300		
合 計	11,000	合 計	11,000

今度は連結修正消去仕訳が必要になります。60%子会社の場合、親会社のP／Lとの単純合算だけでは利益のうち40%の少数株主に帰属する部分まで、親会社の利益と同様に取り扱われてしまうため、連結グループ全体の経営成績を表わすと考えることはできないからです。したがって**少数株主に帰属する利益を費用として計上し、利益から除くこと**になります。

（借）少数株主利益　120　（貸）少数株主持分　120
　　　－費用－　　　　　　　　－負債と資本の間で表示－

●チェックポイント●

100％子会社でない場合には、子会社の利益のうち少数株主に帰属する部分は少数株主利益として費用計上され、連結損益計算書の利益から消去される

この仕訳により子会社が計上した利益のうち少数株主に帰属する120（＝300×40％）が連結上の利益から消去されます。

連結P／L

費　　　用	8,700	収　　　益	11,000
少数株主利益	120		
利　　　益	2,180		
合　　　計	11,000	合　　　計	11,000

74　60％子会社・連結調整勘定のあるケース～B/S～

最後に60％子会社で、連結調整勘定があるケースを見ておきましょう。今までのケースと同様に、P社の貸借対照表が以下のような状態であったとします（以下単位：千円）。

P社B／S

資　産	90,000	負　債	40,000
		資　本	50,000
合　計	90,000	合　計	90,000

この状態から、8,000千円で新たに子会社となる会社の株式を取得したとします。株式の取得比率はS社の発行済株式の60％です。

第6章　簡単な連結財務諸表の作成

株式取得時のS社貸借対照表は次のとおりです。

S社B/S

資　産	10,000	資　本	10,000
合　計	10,000	合　計	10,000

（資産の時価情報は不明とします）

S社株式取得後のP社の貸借対照表は次のとおりになっています。

P社B/S

資　産	82,000	負　債	40,000
S社株式	8,000	資　本	50,000
合　計	90,000	合　計	90,000

資産のうち8,000千円がS社株式にかわっています。

先程と同じようにP社とS社の貸借対照表を単純合算すると次のようになります。

合算B/S

資　産	82,000	負　債	40,000
S社株式	8,000	資　本	50,000
資産（S社）	10,000	資本（S社）	10,000
合　計	100,000	合　計	100,000

連結グループ全体で見た場合、**S社株式は自己株式に相当する**ことに変わりはありません。したがって、これを資本と相殺消去します。ただし今度は**連結調整勘定と少数株主持分が共に発生します**。ただし、この二者は相互に関連性はありません。

連結相殺消去仕訳（連結調整勘定償却は省略しています）
（借）資本（S社）10,000　（貸）S社株式　　8,000
　　　連結調整勘定　2,000　　　　少数株主持分　4,000

●チェックポイント●

少数株主持分と連結調整勘定は、会計処理上は同時に発生するが、互いに関連性はない

連結調整勘定2,000＝Ｓ社株式8,000－Ｓ社資本10,000×60％
少数株主持分4,000＝Ｓ社資本10,000×40％

相殺消去後の連結貸借対照表は、次のようになります。

連結Ｂ／Ｓ

資　　産	92,000	負　　債	40,000
連結調整勘定	2,000	少数株主持分	4,000
		資　　本	50,000
合　　計	94,000	合　　計	94,000

75　60％子会社・連結調整勘定のあるケース～P/L～

それではまた、同じケースで損益計算書を見ていきましょう。
先程のケースの翌期のＰ社とＳ社の損益計算書が次の様であったとします（以下金額単位：千円）。

Ｐ社Ｐ／Ｌ

費　用	8,000	収　益	10,000
利　益	2,000		
合　計	10,000	合　計	10,000

Ｓ社Ｐ／Ｌ

費　用	700	収　益	1,000
利　益	300		
合　計	1,000	合　計	1,000

第6章　簡単な連結財務諸表の作成

●チェックポイント●

少数株主利益と連結調整勘定償却は共に損益計算書に記載され、連結上の利益に影響を及ぼす

これを単純合算すると次のようになります。

合算P／L

費　　用	8,700	収　　益	11,000
利　　益	2,300		
合　　計	11,000	合　　計	11,000

連結修正消去仕訳は、少数株主利益についての仕訳と連結調整勘定償却の仕訳の2つが必要になります。

（借）少数株主利益　　120　　（貸）少数株主持分　120
　　　－費用－　　　　　　　　　　－負債と資本の間で表示－
（借）連結調整勘定償却　100　　（貸）連結調整勘定　100

この仕訳により子会社が計上した利益のうち少数株主に帰属する120（＝300×40％）が連結上の利益から消去され、連結調整勘定100が償却されます。

連結P／L

費　　用	8,700	収　　益	11,000
連結調整勘定償却	100		
少数株主利益	120		
利　　益	2,080		
合　　計	11,000	合　　計	11,000

第7章

中小・個人企業への応用

76 連結の簡便法（貸借対照表）

　連結財務諸表は、一般の中小企業にもその考え方は十分に応用可能です。
　例えば、オーナー個人の貸借対照表とオーナーが所有している会社の貸借対照表が次のようであったして、連結貸借対照表を作成してみましょう。

オーナー個人の貸借対照表（単位：万円）

現　金	2,000	借入金	1,000
不動産	5,000	純資産	7,000
株　式	1,000		
合　計	8,000	合　計	8,000

● 中小企業における連結貸借対照表 ●

・連結財務諸表は、一般の中小企業にもその考え方は十分に応用可能

・まず、オーナー個人と会社の資産・負債を単純に合算する

・次に、オーナー個人の持つ株式は、会社の資本金を構成するものなので、これを資産計上すると二重計上となるので消去する

・オーナー個人が会社に貸付金等を持っている場合も同様に消去する

会社の貸借対照表（単位：万円）

現金	1,000	借入金	1,000
不動産	6,000	資本金	1,000
		留保利益	5,000
合計	7,000	合計	7,000

連結貸借対照表（単位：万円）

現　金	3,000	借入金	2,000
不動産	11,000	純資産	12,000
合　計	14,000	合　計	14,000

現金と不動産及び借入金はオーナー個人と会社とを単純に合算しています。

第7章 中小・個人企業への応用

オーナー個人の持つ株式は、会社の資本金を構成するものなので、これを資産計上すると二重計上となるため消去しています。なお、オーナー個人が会社に貸付金等を持っている場合も同様に消去します。

このことから、連結貸借対照表における純資産はオーナー個人の純資産と会社の資本金と留保利益の合計から資本金（＝株式の金額）を除いた金額になります。

77 連結の簡便法（損益計算書）

連結損益計算書も同様の考え方で作成することができます。

今度は、オーナー個人の損益計算書とオーナーが所有している会社の損益計算書が次のようであったとして、連結損益計算書を作成してみましょう。

オーナー個人の損益計算書（単位：万円）

家計費用	1,200	役員報酬	1,500
利　益	800	雑収入	500
合　計	2,000	合　計	2,000

会社の損益計算書（単位：万円）

役員報酬	1,500	売上高	9,000
その他の費用	6,000		
利　益	1,500		
合　計	9,000	合　計	9,000

●中小企業における連結損益計算書●

・連結損益計算書も同様の考え方で作成することができる

・まず、オーナー個人と会社の収益・費用を単純に合算する

・家計の役員報酬（収益）と会社の役員報酬（費用）が内部取引として相殺消去され、連結損益計算書には現れてこない

・これ以外にも、オーナーと会社との間で利息の授受や、不動産賃貸料の授受があった場合も同様に相殺消去する

連結損益計算書（単位：万円）

家計費用	1,200	売上高	9,000
その他の費用	6,000	雑収入	500
利益	2,300		
合計	9,500	合計	9,500

　家計の役員報酬（収益）と会社の役員報酬（費用）が内部取引として相殺消去され、連結損益計算書には現れてきません。これ以外にも、オーナーと会社との間で利息の授受や、不動産賃貸料の授受があった場合も同様に相殺消去を行います。
　この結果、利益の金額は、オーナー個人の利益と会社の利益の合計となります。

第8章 連結財務諸表の分析

78 安全性の分析

　安全性の分析において連結固有の注意点は、**資産計上された連結調整勘定は、資産から除いて考えること**、**少数株主持分は負債に含めて考えること**、資産と負債は子会社については時価評価されているが、親会社については（金融商品等を除いて）取得原価主義に基づくものであることを確認することなどがあげられます。

　不健全流動資産等は資産及び資本から差し引き、その増加額は当期利益からマイナスします。また、流動資産から流動負債を差し引いた**正味運転資本や流動比率**等の静態的比率の算定の際には、**不健全流動資産**だけでなく担保に供されている定期性預金等を取り除いてその判定を行います。

183

●安全性分析のチェックポイント●

・連結固有の注意点
　❶　資産計上された連結調整勘定は、資産から除いて考える
　❷　少数株主持分は負債に含めて考える

・個別財務諸表と共通の注意点
　不健全流動資産等は資産及び資本から差し引き、その増加額は当期利益からマイナスする

・正味運転資本や流動比率等の静態的比率の算定
　不健全流動資産だけでなく担保に供されている定期預金等を取り除いてその判定を行う

79　収益性の分析

　収益性の分析において、連結固有のものとして**セグメント情報の分析**があります。
　これは、連結企業集団全体を会社ごとではなく、事業の種類ごとなどの切り口でそれぞれの売上高及び営業損益、資産、減価償却費及び資本的支出等を明らかにするものです。
　例えば、A社の連結セグメント情報は次のようになっています。

第8章 連結財務諸表の分析

A社連結セグメント

(単位：百万円)

	低温物流事業	食品事業	不動産事業	その他の事業	計	消去または全社	連結
I 売上高及び営業損益 　売　上　高 　(1) 外部顧客に対する売上高	77,273	483,458	7,060	3,982	571,775	—	571,775
(2) セグメント間の内部売上高又は振替高	12,813	94	25	67	13,001	(13,001)	—
計	90,086	483,553	7,086	4,050	584,776	(13,001)	571,775
営業費用	82,519	479,110	3,040	4,057	568,728	(4,999)	563,729
営業利益(又は営業損失(△))	7,567	4,442	4,045	△7	16,048	(8,001)	8,046
II 資産、減価償却及び資本的支出 　資　　産	126,492	145,103	35,730	13,509	320,835	45,002	365,838
減価償却費	8,882	5,017	883	153	14,935	636	15,572
資本的支出	6,578	2,660	1,567	45	10,852	250	11,103

この情報から以下の事項が分析できます。

　利益／資産＝利益／売上高×売上高／資産

　（資本利益率）（売上高利益率）（資本回転率）

つまり、**資本利益率は売上高利益率と資本回転率に分解して分析することができます。**

なお、ここでの資産は当該事業に固有の資産であり、会計的には**経営資本**に相当するものです。

	低温物流	食品	不動産
資本利益率	5.98%	3.06%	11.32%
売上高利益率	8.40%	0.92%	57.08%
資本回転率	0.71回	3.33回	0.20回

●連結固有のものとしてのセグメント情報の分析●

$$利益／資産＝利益／売上高 \times 売上高／資産$$
$$（資本利益率）（売上高利益率）（資本回転率）$$

つまり、資本利益率は売上高利益率と資本回転率に分解して分析することができる

さらに実効税率を50％とした場合
　フリー・キャッシュフロー
　　　＝営業利益×50％＋減価償却費－資本的支出、
　ＥＶＡ＝営業利益×50％－部門別資産×3.5％（資本コスト）
　　　　　　　　　　　　　　　　等も推定できる

　この分析により、低温物流部門の資本回転率の低さ、食品部門の売上高利益率の低さが問題点であることがわかります。
　さらに、このセグメント情報から、**部門別のフリー・キャッシュ・フローや部門別EVA（経済付加価値）**を求めることもできます。
　（注）EVAは、スターン・ステュアート社の登録商標です。
　フリー・キャッシュフロー＝営業利益×50％＋減価償却費－資本的支出、EVA＝営業利益×50％－部門別資産×3.5％（資本コスト）で計算する（実効税率50％と仮定しています）と次のようになります。

（単位：百万円）

	低温物流	食　品	不動産
フリー・キャッシュフロー	6,087	4,578	1,338
EVA	－644	－2,858	772

第 8 章　連結財務諸表の分析

80　キャッシュ・フローの分析

　ここでは、キャッシュ・フローを利用した各種の比率分析を見ておきましょう。

営業キャッシュ・フロー・マージン
＝営業キャッシュ・フロー／売上高

　損益計算書における売上高当期利益率のキャッシュ・フロー版です。営業キャッシュ・フローの源泉は売上高であるため、現金ベースでどれほどキャッシュ・フローとして残っているかを比率で見たものです。損益計算書の売上高当期利益率と比較することで、利益獲得にあたり、無理な営業が行われていないかを確認できます。

ネット営業キャッシュ・フロー・マージン
＝（営業キャッシュ・フロー＋投資キャッシュ・フロー）／売上高

　算式上は営業キャッシュ・フローと投資キャッシュ・フローの合計ですが、投資キャッシュ・フローは通常マイナスであるため、それを差し引いたキャッシュ・フローの残高と売上高との比率です。この比率がプラスであれば安全性は高いのですが、仮にこの比率のマイナスが非常に大きい場合には、借入金での資金調達でさえも危険であることを意味します。

キャッシュ・フロー比率
＝営業キャッシュ・フロー／長期債務

●キャッシュ・フローを利用した各種の比率分析●

営業キャッシュ・フロー・マージン
　＝営業キャッシュ・フロー／売上高

ネット営業キャッシュ・フロー・マージン
　＝（営業キャッシュ・フロー＋投資キャッシュ・フロー）／売上高

キャッシュ・フロー比率
　＝営業キャッシュ・フロー／長期債務

　営業キャッシュ・フローの長期債務に対する比率を見たものであり、分子・分母を逆にするといわゆる償還年数の計算式になります。この比率が高いほど長期債務の償還が確実なものになります。

81　成長性の分析

　成長性の分析における、連結固有の論点は連結ベースと単体ベースの成長性の比較があります。

売上高成長性の連単倍率
＝連結ベースの売上高成長率／単体ベースでの売上高成長率

　売上高の連単倍率も重要ですが、その成長率の連単倍率を見ることによっても、売上高の伸びに無理がなかったかを判定することができます。連結子会社等に売上を計上することで依然として売上高を水増ししよう

としている会社がありますが、この成長率の比較で、その傾向を知ることができます。**連結ベースの売上高成長率＜単体ベースでの売上高成長率であれば、無理な売上高の傾向が見られ、連結ベースの売上高成長率≧単体ベースでの売上高成長率であれば、健全な成長であるといえます。**

　同様に以下の成長率の比較もグループ全体の成長が健全か否かを判定するのに役立ちます。

　経常利益成長性の連単倍率
＝連結ベースの経常利益成長率／単体ベースでの経常利益成長率

　当期純利益成長性の連単倍率
＝連結ベースの当期純利益成長率／単体ベースでの当期純利益成長率

　自己資本成長性の連単倍率
＝連結ベースの自己資本成長率／単体ベースでの自己資本成長率

　いずれの比較も、連結ベースでの成長率≧単体ベースでの成長率であれば健全な成長であり、連結ベースでの成長率＜単体ベースでの成長率であれば不健全な成長であるといえます。

●連結固有の成長性の判定●

　　売上高成長性の連単倍率
＝連結ベースの売上高成長率／単体ベースでの売上高成長率

　　経常利益成長性の連単倍率
＝連結ベースの経常利益成長率／単体ベースでの経常利益成長率

　　当期純利益成長性の連単倍率
＝連結ベースの当期純利益成長率／単体ベースでの当期純利益成長率

　　自己資本成長性の連単倍率
＝連結ベースの自己資本成長率／単体ベースでの自己資本成長率

　　いずれの比率も、連結ベースでの成長率≧単体ベースでの成長率であれば健全な成長
　　　　　　　　　連結ベースでの成長率＜単体ベースでの成長率であれば不健全な成長

第9章

総合ケーススタディ

　連結財務諸表は証券取引法に基づく有価証券報告書において制度化されているものですが、商法に基づく決算公告にも、「ご参考」としてこれを記載する会社が増えています。この章では、平成12年3月決算での実例を見て、どういった分析が可能であるかを見ていきます。

〈A社（電気機器メーカー）の事例〉

平成11年度決算公告

平成12年6月30日

貸借対照表の要旨
（平成12年3月31日現在）

（単位：億円）

科　目	金　額	科　目	金　額
流動資産	10,234	流動負債	9,696
現金・預金	576	支払手形・買掛金	3,669
受取手形・売掛金	4,318	その他	6,026
有価証券	651	固定負債	6,411
たな卸資産	1,574	社債	2,849
その他	3,138	転換社債	3,028
貸倒引当金	△24	退職給与引当金	528
固定資産	23,822	その他	6
(有形固定資産)	(2,365)	負債合計	16,107
建物	1,051	資本金	4,515
機械・装置	555	法定準備金	6,640
土地	352	資本準備金	6,373
その他	405	利益準備金	267
(無形固定資産)	(627)	剰余金	6,793
(投資等)	(20,830)	（うち当期利益）	(308)
子会社株式・出資金	18,783	資本合計	17,949
その他	2,064		
貸倒引当金	△17		
資産合計	34,057	負債・資本合計	34,057

損益計算書の要旨
（平成11年4月1日から 平成12年3月31日まで）

（単位：億円）

科　目	金　額
売上高	25,929
売上原価	22,435
販売費・一般管理費	3,521
営業損失	27
営業外収益	1,130
営業外費用	800
経常利益	302
特別利益	116
特別損失	76
税引前当期利益	342
法人税・住民税・事業税	140
法人税等調整額	△106
当期利益	308
前期繰越利益	272
中間配当金	103
利益準備金積立額	10
当期未処分利益	467

（注）1. 有形固定資産から控除した減価償却累計額は3,478億円であります。
2. 1株当たりの当期利益は73円09銭であります。

（ご参考）

連結貸借対照表
（平成12年3月31日現在）

（単位：億円）

科　目	金　額	科　目	金　額
流動資産	31,346	流動負債	21,603
現金・預金	6,322	短期借入債務	2,149
有価証券	1,074	支払手形・買掛金	8,110
受取手形・売掛金	10,554	未払金・未払費用	6,814
（貸倒・返品引当金控除後）		未払税金	875
棚卸資産	8,591	その他	3,653
その他	4,802	固定負債	24,293
長期棚卸資産-映画	2,263	長期借入債務	8,138
投資・貸付金	10,755	未払退職・年金費用	1,296
有形固定資産	12,555	長期繰延税金	1,840
（減価償却累計額控除後）		保険契約債務	11,248
その他の資産	11,150	その他	1,770
無形固定資産	2,184	少数株主持分	345
営業権	2,937	資本	21,829
繰延保険契約費	2,399	資本金	4,515
その他	3,627	資本準備金	9,407
		利益剰余金	12,237
		累積その他の包括利益	△4,253
		自己株式	△78
資産合計	68,071	負債・資本合計	68,071

連結損益計算書
（平成11年4月1日から 平成12年3月31日まで）

（単位：億円）

科　目	金　額
売上高および営業収入	66,866
純売上高	62,384
保険収入	3,803
営業収入	679
売上原価・販売費・一般管理費	64,460
売上原価	45,950
販売費・一般管理費	14,915
保険費用	3,593
営業利益	2,406
その他の収益	1,488
その他の費用	1,251
税引前利益	2,643
法人税等	946
少数株主損益および持分法による投資損失前利益	1,696
少数株主損益	100
持分法による投資損失（純額）	378
当期純利益	1,218

（注）当年度末の連結子会社は1,080社、持分法適用会社は81社であります。

第9章　総合ケーススタディ

〈分析のポイント〉

　このＡ社は、様々な事業を行うグループ会社をかかえているために、連結貸借対照表には長期棚卸資産－映画であるとか、繰延保険契約費といった多種多様な科目が出てきます。まずは、売上高と営業利益、当期（純）利益の連単倍率から見ていきましょう。

　売上高の連単倍率＝ 66,866 ／ 25,929 × 100 ＝ 257.88％
　営業利益の連単倍率＝ 2,406 ／ ▲27 ＝ N ／ A
　当期（純）利益の連単倍率＝ 1,218 ／ 308 × 100 ＝ 395.45％

　売上高の連体倍率よりも当期（純）利益の連単倍率が高く、営業利益では単体決算での赤字が連結決算では黒字化しています。これは、**親会社よりも子会社グループの方が、売上高利益率が高い**ことを意味しています。優良子会社を多数かかえており、グループ経営が順調である姿が浮かび上がります。

　単体と連結の流動比率と自己資本比率も比較してみましょう。

　単体の流動比率＝ 10,234 ／ 9,696 × 100 ＝ 105.55％
　連結の流動比率＝ 31,346 ／ 21,603 × 100 ＝ 145.10％

　流動比率についても連結ベースの方が良い数値になっています。

　単体の自己資本比率＝ 17,949 ／ 34,057 × 100 ＝ 52.70％
　連結の自己資本比率＝ 21,829 ／ 68,071 × 100 ＝ 32.07％

〈結論〉

　自己資本比率については、連結ベースの方が数値が低下しています。これは、子会社に保険会社があることから、**保険契約債務が負債の金額に含まれてくることによる面が大きい**と思われます。

〈B社（食品メーカー）の事例〉

第82期決算公告

平成12年6月30日

貸借対照表の要旨
（平成12年3月31日現在）

（単位：百万円）

科目	金額	科目	金額
（資産の部）		（負債の部）	
流動資産	119,094	流動負債	89,479
現金・預金	3,908	支払手形・買掛金	28,141
受取手形・売掛金	55,480	短期借入金	21,805
有価証券	20,569	引当金	4,223
たな卸資産	26,870	その他	35,309
繰延税金資産	3,173	固定負債	91,833
その他	10,691	社債	55,000
貸倒引当金	△1,599	転換社債	6,307
固定資産	145,525	長期借入金	10,294
有形固定資産	107,488	繰延税金負債	1,245
建物及び構築物	60,250	引当金	549
機械装置及び運搬具	14,689	預り保証金	18,437
土地	28,465	負債合計	181,313
その他	4,083	（資本の部）	
無形固定資産	1,851	資本金	30,307
投資等	36,185	法定準備金	29,122
投資有価証券	15,898	剰余金	23,876
投資その他	20,606	（うち当期利益）	(2,407)
貸倒引当金	△319	資本合計	83,306
資産合計	264,619	負債及び資本合計	264,619

（注）1. 有形固定資産の減価償却累計額　119,377百万円
　　　2. 1株当たり当期利益　　7円74銭

損益計算書の要旨
（平成11年4月1日から
平成12年3月31日まで）

（単位：百万円）

科目	金額
営業収益	409,424
営業費用	398,457
営業利益	10,966
営業外収益	2,895
営業外費用	6,346
経常利益	7,515
特別利益	16,780
特別損失	19,736
税引前当期利益	4,558
法人税,住民税及び事業税	3,517
法人税等調整額	△1,366
当期利益	2,407
前期繰越利益	2,063
過年度税効果調整額	562
税効果会計適用に伴う準備金・積立金取崩額	3,753
中間配当額	932
利益準備金積立額	93
当期未処分利益	7,760

連結貸借対照表（ご参考）
（平成12年3月31日現在）

（単位：百万円）

科目	金額	科目	金額
（資産の部）		（負債の部）	
流動資産	152,487	流動負債	143,615
現金・預金	9,130	支払手形・買掛金	46,006
受取手形・売掛金	74,858	短期借入金	46,572
有価証券	21,481	その他	51,036
たな卸資産	34,509	固定負債	143,392
繰延税金資産	1,399	社債	55,512
その他	11,812	転換社債	6,307
貸倒引当金	△704	長期借入金	60,416
固定資産	216,758	繰延税金負債	757
有形固定資産	178,716	引当金	2,078
建物及び構築物	104,509	その他	18,322
機械装置及び運搬具	23,341	負債合計	287,008
土地	46,201	少数株主持分	990
その他	4,664	（資本の部）	
無形固定資産	5,436	資本金	30,307
投資その他の資産	32,604	資本準備金	23,704
投資有価証券	20,420	連結剰余金	28,612
繰延税金資産	827	自己株式	△0
その他	12,482	資本合計	82,624
貸倒引当金	△1,126		
為替換算調整勘定	1,378		
資産合計	370,623	負債、少数株主持分及び資本合計	370,623

連結損益計算書（ご参考）
（平成11年4月1日から
平成12年3月31日まで）

（単位：百万円）

科目	金額
営業収益	569,482
営業費用	552,508
営業利益	16,973
営業外収益	3,633
営業外費用	8,895
経常利益	11,711
特別利益	16,554
特別損失	20,286
税引前当期利益	7,979
法人税,住民税及び事業税	4,692
法人税等調整額	△1,158
少数株主利益	118
当期純利益	4,326

（注）当年度の連結子会社は58社、持分法適用会社は10社であります。

第9章　総合ケーススタディ

〈分析のポイント〉

　B社について、売上高と経常利益、当期（純）利益の連単倍率を計算してみましょう。

　売上高の連単倍率＝ 569,482 ／ 409,424 × 100 ＝ 139.09％
　経常利益の連単倍率＝ 11,711 ／ 7,515 ＝ 155.83％
　当期（純）利益の連単倍率＝ 4,326 ／ 2,407 × 100 ＝ 179.73％

　このB社もA社と同様に売上高の連単倍率よりも経常利益や当期（純）利益の連単倍率が高く、親会社よりも子会社のグループの方が売上高利益率が高いことがわかります。しかし、一方で自己資本の連単倍率は次のようになっています。

　自己資本の連単倍率＝ 82,624 ／ 83,306 × 100 ＝ 99.18％

〈結論〉

　このことは、かつて業績が不振であった子会社が存在し、**その整理がいまだ完結していないこと**を意味しています。

〈C社（ゲームソフト・出版業）の事例〉
第23期決算公告

平成12年6月29日

貸借対照表の要旨
（平成12年3月31日現在）
（単位：百万円）

科　　目	金額	科　　目	金額
（資産の部）		（負債の部）	
流動資産	23,678	流動負債	13,701
現金預金	3,788	買掛金	5,876
受取手形・売掛金	11,632	短期借入金	3,880
有価証券	40	未払金	2,595
棚卸資産	6,895	その他	1,349
前払費用	523	固定負債	18,337
その他	888	転換社債	4,300
貸倒引当金	△89	長期借入金	13,725
固定資産	11,887	その他	312
有形固定資産	4,311	負債合計	32,039
建物	877	（資本の部）	
工具器具備品	2,605	資本金	21,669
土地	783	資本準備金	8,060
その他	44	欠損金	26,192
無形固定資産	494	（うち当期利益）	82
投資等	7,081		
投資有価証券	3,799		
子会社株式	1,200		
更正債権等に	11,590		
準ずる債権			
敷金保証金	1,559		
その他	514		
貸倒引当金	△11,582		
繰延資産	10	資本合計	3,537
資産合計	35,577	負債及び資本合計	35,577

損益計算書の要旨
（平成11年4月1日から
平成12年3月31日まで）
（単位：百万円）

科　　目	金額
営業収益	40,697
営業費用	39,549
営業利益	1,147
営業外収益	189
営業外費用	1,058
経常利益	278
特別利益	1,628
特別損失	1,817
税引前当期利益	89
法人税、住民税及び事業税	6
当期利益	82
前期繰越損失	26,275
当期未処理損失	26,192

（注）1. 有形固定資産の減価償却累計額
　　　　　1,270百万円
　　　2. 1株当たりの当期利益
　　　　　2円83銭

連結貸借対照表の要旨（ご参考）
（平成12年3月31日現在）
（単位：百万円）

科　　目	金額	科　　目	金額
（資産の部）		（負債の部）	
流動資産	25,820	流動負債	15,893
現金預金	5,423	買掛金	7,129
受取手形・売掛金	11,551	短期借入金	4,265
有価証券	40	未払金	2,604
棚卸資産	7,341	その他	1,894
その他	1,547	固定負債	18,338
貸倒引当金	△83	転換社債	4,300
固定資産	10,122	長期借入金	13,725
有形固定資産	4,493	その他	313
無形固定資産	1,130	負債合計	34,231
投資その他の資産	4,498	少数株主持分	705
投資有価証券	2,387	（資本の部）	
更正債権等に準ずる債権	5,645	資本金	21,669
敷金保証金	1,616	資本準備金	8,060
その他	476	欠損金	28,710
貸倒引当金	△5,628	自己株式	△2
繰延資産	10	資本合計	1,016
資産合計	35,954	負債、少数株主持分及び資本合計	35,954

連結損益計算書の要旨（ご参考）
（平成11年4月1日から
平成12年3月31日まで）
（単位：百万円）

科　　目	金額
営業収益	45,838
営業費用	45,405
営業利益	432
営業外収益	201
営業外費用	1,095
経常損失	461
特別利益	1,971
特別損失	2,070
税金等調整前当期損失	559
法人税、住民税及び事業税	8
少数株主利益	16
当期損失	551

（注）当期末の連結子会社は5社、持分法適用会社は1社であります。

第9章　総合ケーススタディ

〈分析のポイント〉

　Ｃ社の事例を見てみましょう。Ｃ社は、個別財務諸表上では経常利益、税引前当期利益を計上していますが、連結ベースでは共に赤字となっています。これは**親会社が決算対策上で子会社を利用して利益を計上した疑いが濃厚**です。さらに、自己資本の連単倍率は次のようになっています。

　　自己資本の連単倍率＝1,016／3,537×100＝28.72％

〈結論〉

　多額の欠損金により、自己資本のほとんどが失われている状態であり、単体よりも連結の方がより悪化しています。滞留債権や滞留在庫、その他の流動資産や投資有価証券の含み損等を考慮すると、**連結上は実質債務超過**（資産よりも負債の方が大きい状態）である可能性があります。

　最後にＤ社（小売業）の有価証券報告書を利用して、単体と連結の財務諸表の比較をしておきましょう。

〈D社（小売業）の事例〉

1．財務諸表
 (1) 貸借対照表　　　　　　　　　　　　　　　　　　　　　　　（単位　百万円）

期別 科　目	第 45 期 （平成8年2月29日現在）		第 46 期 （平成9年2月28日現在）	
	金　額	構成比	金　額	構成比
（資産の部）		%		%
Ⅰ　流動資産				
1．現金及び預金	53,800		58,557	
2．受取手形	4		3	
3．売掛金※8	31,770		33,685	
4．有価証券※1	6,463		1,146	
5．自己株式	3		0	
6．商品	113,315		141,716	
7．貯蔵品	1,169		1,226	
8．前渡金	543		97	
9．前払費用※8	10,405		11,552	
10．短期貸付金※2	3,824		1,598	
11．関係会社短期貸付金	16,800		16,100	
12．未収入金※3、8	36,192		36,683	
13．未収収益※8	2,156		1,543	
14．その他※8	4,092		3,101	
15．貸倒引当金	△15,928		△18,343	
流動資産合計	264,615	21.3	288,670	22.8
Ⅱ　固定資産				
(1) 有価固定資産				
1．建物※4	352,691		371,376	
減価償却累計額	177,862	174,828	193,859	177,517
2．構築物	29,271		31,302	
減価償却累計額	17,223	12,048	18,872	12,430
3．機械装置	13,424		14,742	
減価償却累計額	7,879	5,544	8,668	6,074
4．車両運搬具	259		244	
減価償却累計額	241	17	227	16
5．工具器具備品	82,300		83,867	
減価償却累計額	66,824	15,476	69,423	14,443
6．土地※4		110,336		108,949
7．建設仮勘定		7,031		7,756
有形固定資産合計		325,284	26.2	327,188	25.9

第9章　総合ケーススタディ

（単位　百万円）

期別 科目	第 45 期 （平成8年2月29日現在） 金額	構成比	第 46 期 （平成9年2月28日現在） 金額	構成比
		%		%
(2) 無形固定資産				
1．借地権	8,855		9,151	
2．商標権	666		704	
3．実用新案権	1		1	
4．電話加入権	659		663	
5．施設利用権	123		121	
無形固定資産合計	10,306	0.8	10,642	0.8
(3) 投資その他の資産				
1．投資有価証券※5	57,684		67,801	
2．関係会社株式※5	161,356		156,144	
3．出資金	2,935		2,894	
4．長期貸付金※2	1,109		1,034	
5．従業員長期貸付金	2,911		2,426	
6．関係会社長期貸付金	2,500		—	
7．差入保証金※6、8	400,747		391,566	
8．破産債権、更生債権※8 　　その他これらに準ずる債権	8,856		8,856	
9．長期前払費用	6,692		6,712	
10．その他※8	8,704		9,687	
11．貸倒引当金	△11,532		△8,626	
投資その他の資産合計	641,966	51.7	638,498	50.5
固定資産合計	977,557	78.7	976,328	77.2
資産合計	1,242,173	100.0	1,264,999	100.0
（負債の部）				
Ⅰ　流動負債				
1．買掛金※8	148,210		152,970	
2．短期借入金	232,575		179,040	
3．1年内に償還期限 　　の到来する社債	5,896		6,509	
4．1年内に返済する 　　長期借入金※4	49,141		27,526	
5．コマーシャルペーパー	74,800		112,000	
6．未払金※8	30,864		33,540	
7．未払事業税等	1,963		1,707	

(単位 百万円)

期別 科目	第 45 期 (平成8年2月29日現在) 金額	構成比	第 46 期 (平成9年2月28日現在) 金額	構成比
		%		%
8．未払法人税等	1,584		1,291	
9．未払費用※8	8,542		9,462	
10．前受金	1,286		1,103	
11．預り金※8	9,900		8,593	
12．従業員預り金	23,311		23,531	
13．前受収益※8	892		366	
14．賞与引当金	9,545		10,372	
15．その他※8	7,796		7,738	
流動負債合計	606,310	48.8	575,753	45.5
Ⅱ　固定負債				
1．社債	109,987		153,478	
2．転換社債	5,239		5,239	
3．長期借入金※4	151,736		175,919	
4．預り保証金※8	84,293		80,524	
5．退職給与引当金	13,283		14,043	
6．長期納税引当金	484		—	
7．その他	118		—	
固定負債合計	365,143	29.4	429,205	33.9
負債合計	971,453	78.2	1,004,958	79.4
（資本の部）				
Ⅰ　資本金※7	52,000	4.2	52,000	4.1
Ⅱ　資本準備金	152,414	12.3	152,414	12.1
Ⅲ　利益準備金	12,357	1.0	13,000	1.0
Ⅳ　その他の剰余金				
(1) 任意積立金				
1．圧縮記帳積立金	19,714		18,144	
2．別途積立金	20,152　39,866		22,652　40,766	
(2) 当期末処分利益	14,080		1,858	
その他の剰余金合計	53,947	4.3	42,625	3.4
資本合計	270,719	21.8	260,040	20.6
負債資本合計	1,242,173	100.0	1,264,999	100.0

第9章 総合ケーススタディ

(2) 損益計算書　　　　　　　　　　　　　　　　　　　　　　（単位　百万円）

期別 科目	第45期 自 平成7年3月1日 至 平成8年2月29日 金額		百分比	第46期 自 平成8年3月1日 至 平成9年2月28日 金額		百分比
Ⅰ 売上高※1、2		2,432,828	100.0%		2,434,776	100.0%
Ⅱ 売上原価※1						
1．商品及び製品						
期首たな卸高	126,058			133,315		
2．当期商品仕入高	1,871,116			1,939,092		
3．当期製品製造原価	1,843			—		
4．固定資産よりの振替高	—			2,424		
合　計	1,999,018			2,054,833		
5．商品及び製品						
期末たな卸高	113,315	1,885,703	77.5	141,716	1,913,116	78.6
売上総利益※1		547,125	22.5		521,660	21.4
Ⅲ 営業収入						
1．不動産収入	44,055			41,173		
2．その他の営業収入	26,555	70,610	2.9	29,552	70,726	2.9
営業総利益		617,735	25.4		592,386	24.3
Ⅳ 販売費及び一般管理費						
1．広告宣伝費	37,644			39,341		
2．配達運送費	30,077			26,550		
3．従業員給料手当	130,599			136,401		
4．従業員賞与	19,840			20,822		
5．賞与引当金繰入額	9,545			10,372		
6．退職給与引当金繰入額	2,137			2,306		
7．福利厚生費	22,060			20,955		
8．水道光熱費	41,591			43,085		
9．租税公課※3	9,108			7,317		
10．減価償却費	23,981			24,364		
11．賃借料	155,921			160,501		
12．その他	94,787	577,296	23.7	97,844	589,864	24.2
営業利益		40,439	1.7		2,521	0.1
Ⅴ 営業外収益						
1．受取利息※6	4,175			2,681		
2．受取配当金※6	1,079			2,465		
3．有価証券売却益※6	258			12,320		
4．雑収入※6	5,289	10,803	0.4	2,016	19,482	0.8

201

(単位 百万円)

期別 科目	第45期 自 平成7年3月1日 至 平成8年2月29日 金額		百分比	第46期 自 平成8年3月1日 至 平成9年2月28日 金額		百分比
			%			%
Ⅵ 営業外費用						
1．支払利息	12,527			10,624		
2．社債利息	7,289			7,371		
3．社債発行費	—			300		
4．貸倒引当金繰入額	1,090			1,020		
5．雑損失	5,298	26,205	1.1	2,095	21,412	0.9
経常利益		25,037	1.0		591	0.0
Ⅶ 特別利益						
1．固定資産売却益※4、6	1,938			2,565		
2．投資有価証券売却益※6	15,209			16,156		
3．関係会社株式売却益※6	7,413			1,039		
4．固定資産計上益※5	4,355			—		
5．その他	1,239	30,156	1.2	—	19,761	0.8
Ⅷ 特別損失						
1．調整年金特別掛金	804			708		
2．固定資産除却損	1,456			1,104		
3．貸倒引当金繰入額	13,800			9,380		
4．関係会社整理損	13,793			1,944		
5．投資有価証券売却損※6	582			—		
6．関係会社株式売却損※6	3,653			—		
7．店舗解約損	2,167			2,984		
8．その他	2,116	38,375	1.5	1,489	17,612	0.7
税引前当期純利益		16,818	0.7		2,740	0.1
法人税及び住民税※3		2,800	0.1		1,500	0.0
当期純利益		14,018	0.6		1,240	0.1
前期繰越利益		6,538			6,544	
中間配当額		5,887			5,887	
中間配当に伴う利益準備金積立額		588			38	
当期未処分利益		14,080			1,858	

第9章 総合ケーススタディ

重要な会計方針

項　　目	第　45　期	第　46　期
1．有価証券（特定金銭信託等に含まれる有価証券を含む）の評価基準及び評価方法	移動平均法による原価法	同　　左
2．たな卸資産の評価基準及び評価方法	商　品　「企業会計原則と関係諸法令との調整に関する連続意見書」第四による売価還元平均原価法	同　　左
	商品土地　個別法による原価法	同　　左
	貯蔵品　最終仕入原価法による原価法	同　　左
3．固定資産の減価償却の方法	法人税法に規定する方法と同一の基準によっている。 有形固定資産　定率法 無形固定資産　定額法 長期前払費用　定額法	同　　左
4．繰延資産の処理方法	────────	社債発行費は支出時に全額費用として処理している。
5．引当金の計上基準		
（1）貸倒引当金	貸倒損失に備え、債権の回収可能性を個別的に検討し貸倒見積額を計上している。	同　　左
（2）賞与引当金	従業員への賞与支給に備え、法人税法に規定する計算方式（支給対象期間基準）により計上している。	同　　左
（3）退職給与引当金	退職給与引当金は、通常の退職給与引当金と年金移行（昭和55年4月）に伴う退職給与引当金超過額（当期末残高1,338百万円）とからなっている。通常の退職給与引当金は、従業員の退職金支給に備え、法人税法に規定する限度額（自己都合による期末要支給額の40％相当額）を計上している。	退職給与引当金は、通常の退職給与引当金と年金移行（昭和55年4月）に伴う退職給与引当金超過額（当期末残高1,010百万円）とからなっている。通常の退職給与引当金は、従業員の退職金支給に備え、法人税法に規定する限度額（自己都合による期末要支給額の40％相当額）を計上している。

項　　　目	第 45 期	第 46 期
(4) 長期納税引当金	年金移行に伴う退職給与引当金超過額は、過去勤務費用の掛金期間（20年）で取崩している。 平成8年2月29日現在の過去勤務費用の現在額は5,429百万円である。 過去勤務費用の掛金と年金移行に伴う退職給与引当金超過額の取崩額は相殺し、特別損失に記載している。 外貨建社債について、長期為替予約を付したことに伴う換算差額のうち、収益に計上した差額に対し、将来納付する事業税、法人税及び住民税の見積額を計上している。	年金移行に伴う退職給与引当金超過額は、過去勤務費用の掛金期間（20年）で取崩している。 平成9年2月28日現在の過去勤務費用の現在額は4,294百万円である。 過去勤務費用の掛金と年金移行に伴う退職給与引当金超過額の取崩額は相殺し、特別損失に記載している。
6．リース取引の処理方法	リース物件の所有権が借主に移転すると認められるもの以外のファイナンス・リース取引については、通常の賃貸借取引に係る方法に準じた会計処理によっている。	同　　左
7．その他財務諸表作成のための重要な事項		
(1) 外貨建社債の為替予約及び通貨スワップ契約に伴う会計処理	通貨スワップ契約の締結された外貨建社債には、スワップ契約に基づく円貨額を付しており、これらによる換算差額は、当該契約を行った日の属する期から決済日の属する期までの各期に月数により配分している。なお、当該換算差額のうち、当期配分額282百万円について損益計算書上営業外収益「雑収入」に含め、次期以降の配分額は、貸借対照表上、流動負債「その他」として201百万円、固定負債「その他」として115百万円を計上している。	通貨スワップ契約の締結された外貨建社債には、スワップ契約に基づく円貨額を付しており、これらによる換算差額は、当該契約を行った日の属する期から決済日の属する期までの各期に月数により配分している。なお、当該換算差額のうち、当期配分額201百万円について損益計算書上営業外収益「雑収入」に含め、次期以降の配分額は、貸借対照表上、流動負債「その他」として115百万円を計上している。
(2) 消費税の会計処理	税抜方式によっている。	同　　左

第9章　総合ケーススタディ

注記事項
（貸借対照表関係）

第45期 （平成8年2月29日現在）	第46期 （平成9年2月28日現在）
※1．このうち9百万円を宅地建物取引業法に基づき法務局に供託している。	※1．このうち19百万円を宅地建物取引業法に基づき法務局に供託している。
※2．このうちには、差入保証金に準ずる店舗賃貸人に対する長期貸付金が含まれており、その科目と金額は次の通りである。 　　短期貸付金　　　　　　　　90百万円 　　（一年内に返済される長期貸付金） 　　長期貸付金　　　　　　　535百万円	※2．このうちには、差入保証金に準ずる店舗賃貸人に対する長期貸付金が含まれており、その科目と金額は次の通りである。 　　短期貸付金　　　　　　　　74百万円 　　（一年内に返済される長期貸付金） 　　長期貸付金　　　　　　　460百万円
※3．このうちには、クレジット販売による売却債権の未収分5,654百万円が含まれている。	※3．このうちには、クレジット販売による売却債権の未収分7,072百万円が含まれている。
※4．建物のうち8,466百万円、土地のうち1,171百万円を長期借入金（「1年内に返済する長期借入金」を含む。）6,759百万円の担保に供している。 　　また、関係会社の金融機関等からの借入金12,093百万円を担保するために建物のうち7,302百万円、土地のうち3,940百万円を物上保証に供している。	※4．建物のうち7,765百万円、土地のうち1,123百万円を長期借入金（「1年内に返済する長期借入金」を含む。）6,578百万円の担保に供している。 　　また、関係会社の金融機関等からの借入金10,734百万円を担保するために建物のうち6,872百万円、土地のうち3,940百万円を物上保証に供している。
※5．外貨建の資産の主な内訳は次の通りである。	※5．外貨建の資産の主な内訳は次の通りである。
科目／外貨額／貸借対照表計上額（百万円） 投資有価証券　2,700千米ドル　398 関係会社株式　97,250千米ドル　24,818 　　　　　　　355,259千元　3,935 　　　　　　　600千フィリピン・ペソ　23 　　　　　　　400千ホンコン・ドル　21	科目／外貨額／貸借対照表計上額（百万円） 投資有価証券　2,700千米ドル　398 関係会社株式　97,250千米ドル　24,818 　　　　　　　435,735千元　5,065 　　　　　　　600千フィリピン・ペソ　23 　　　　　　　400千ホンコン・ドル　21
※6． _____	※6．差入保証金の返還請求権を第三者に売却していることに関して、当該取引は、店舗の賃貸借契約における法的地位や権利は移転しないが、経済的利益とリスクが第三者に移転しているため、会計上、売却取引として認識しており、当該取引により減少した差入保証金は7,600百万円である。
※7．授権株数　　　　1,000,000,000株 　　発行済株式数　　　713,696,018株	※7．授権株数　　　　1,000,000,000株 　　発行済株式数　　　713,696,018株
※8．関係会社に対する主な資産・負債 　　区分掲記したもの以外で各科目に含まれているものは次の通りである。 　　売掛金　　　　　　19,949百万円 　　差入保証金　　　　19,073百万円 　　買掛金　　　　　　16,790百万円 　　未払金　　　　　　12,867百万円 　　預り保証金　　　　24,835百万円	※8．関係会社に対する主な資産・負債 　　区分掲記したもの以外で各科目に含まれているものは次の通りである。 　　売掛金　　　　　　24,010百万円 　　差入保証金　　　　15,902百万円 　　未払金　　　　　　15,818百万円 　　預り保証金　　　　75,026百万円 　　その他関係会社に対する資産合計　14,098百万円 　　その他関係会社に対する負債合計　23,136百万円

第45期 （平成8年2月29日現在）	第46期 （平成9年2月28日現在）
（偶発債務） 　債務に対する保証額 　　　　　　　　　　　　　百万円 　○○　　　　　　　　　　4,467 　××　　　　　　　　　　1,306 　△△　　　　　　　　　　　230 　□□　　　　　　　　　　　 22 　従業員の住宅ローン1,376件　7,501 　　計　　　　　　　　　　13,526	（偶発債務） 　債務に対する保証額 　　　　　　　　　　　　　百万円 　○○　　　　　　　　　　4,233 　××　　　　　　　　　　3,840 　△△　　　　　　　　　　3,760 　□□　　　　　　　　　　1,238 　☆☆　　　　　　　　　　　230 　▽▽　　　　　　　　　　　　8 　従業員の住宅ローン1,210件　6,065 　　計　　　　　　　　　　19,375

（損益計算書関係）

第45期	自　平成7年3月1日 至　平成8年2月29日	第46期	自　平成8年3月1日 至　平成9年2月28日
※1．このうちには売上仕入（いわゆる消化仕入）契約に基づき販売した商品に係るものが次の通り含まれている。 　　売上高　　　168,026百万円 　　売上原価　　141,687百万円 　　売上総利益　 26,339百万円		※1．このうちには売上仕入（いわゆる消化仕入）契約に基づき販売した商品に係るものが次の通り含まれている。 　　売上高　　　167,569百万円 　　売上原価　　140,842百万円 　　売上総利益　 26,727百万円	
※2．このうちには卸売上高（フランチャイジー及び関係会社等への商品供給）が380,277百万円含まれている。		※2．このうちには卸売上高（フランチャイジー及び関係会社等への商品供給）が442,613百万円含まれている。	
※3．長期納税引当金繰入額及び戻入額は、租税公課、法人税及び住民税に含めており、内訳は次の通りである。 　租税公課　　　長期納税引当金繰入額　 98百万円 　　　　　　　　長期納税引当金戻入額　 73百万円 　法人税及び　　長期納税引当金繰入額　338百万円 　住民税　　　　長期納税引当金戻入額　250百万円		※3．長期納税引当金戻入額は、租税公課、法人税及び住民税に含めており、内訳は次の通りである。 　租税公課　　　長期納税引当金戻入額109百万円 　法人税及び　　長期納税引当金戻入額375百万円 　住民税	
※4．固定資産売却益の内訳は、次の通りである。 　　建　物　　　1,152百万円 　　土　地　　　　786百万円 　　　計　　　　1,938百万円		※4．固定資産売却益の内訳は、次の通りである。 　　建　物　　　　367百万円 　　土　地　　　2,198百万円 　　　計　　　　2,565百万円	
※5．営業停止店舗や閉鎖店舗の固定資産を前期に有姿除却したが、当期に営業再開を決定した店舗について、使用可能な固定資産をあらためて計上したことによる利益。 　　○○○　　　3,316百万円 　　×××　　　1,038百万円 　　　計　　　　4,355百万円		※5．	

第 9 章　総合ケーススタディ

第 45 期	自　平成 7 年 3 月 1 日 至　平成 8 年 2 月 29 日	第 46 期	自　平成 8 年 3 月 1 日 至　平成 9 年 2 月 28 日
※6．関係会社に関する事項 　　関係会社との取引に係るものは次の通りである。 　　受取利息及び 　　受取配当金他　　　　3,490 百万円 　　固定資産売却益　　　1,441 百万円 　　投資有価証券 　　売　却　益　　　　　473 百万円 　　関係会社 　　株式売却益　　　　2,648 百万円 　　投資有価証券 　　売　却　損　　　　　392 百万円 　　関係会社 　　株式売却損　　　　3,653 百万円		※6．関係会社に関する事項 　　関係会社との取引に係るものは次の通りである。 　　受取配当金　　　　　1,957 百万円 　　有価証券売却益　　12,319 百万円	

（リース取引関係）

第 45 期	自　平成 7 年 3 月 1 日 至　平成 8 年 2 月 29 日	第 46 期	自　平成 8 年 3 月 1 日 至　平成 9 年 2 月 28 日
リース物件の所有権が借主に移転すると認められるもの以外のファイナンス・リース取引 　支払リース料　　　　19,570 百万円		1．リース物件の所有権が借主に移転すると認められるもの以外のファイナンス・リース取引 　(1) 未経過リース料期末残高相当額 　　　1　年　内　　　17,589 百万円 　　　1　年　超　　　35,497 百万円 　　　　計　　　　　　53,087 百万円 　(2) 支払リース料　　　22,463 百万円 　(3) 利息相当額の算定方法 　　　リース料総額とリース物件の取得価額相当額との差額を利息相当額とし、各期への配分方法については、利息法によっている。 2．オペレーティング・リース取引 　未経過リース料 　　　1　年　内　　　31,926 百万円 　　　1　年　超　　 291,701 百万円 　　　　計　　　　 323,628 百万円	

（1 株当たり情報）

項　目	第 45 期	第 46 期
1 株当たり純資産額	379 円 32 銭	364 円 35 銭
1 株当たり当期純利益	19 円 64 銭	1 円 73 銭
潜在株式調整後 1 株当たり当期純利益		なお、潜在株式調整後 1 株当たり当期純利益金額については、調整計算の結果、1 株当たり当期純利益金額が希薄化しないため記載していない。

a．連結貸借対照表　　　　　　　　　　　　　　　　　　　　　　　（単位　百万円）

年度別 科　目	前連結会計年度 （平成8年2月29日現在）		当連結会計年度 （平成9年2月28日現在）	
	金　額	構成比	金　額	構成比
（資産の部）		％		％
Ⅰ　流動資産				
1．現金及び預金	98,931		99,689	
2．受取手形及び売掛金※3	39,915		43,914	
3．有価証券※1	6,938		1,035	
4．たな卸資産	151,379		182,389	
5．前払費用※3	18,786		19,725	
6．短期貸付金※3	28,844		39,353	
7．未収入金	46,126		48,809	
8．繰延税金	3,791		1,704	
9．その他	8,567		11,213	
10．貸倒引当金	△1,440		△1,511	
流動資産合計	401,837	18.8	446,320	20.3
Ⅱ　固定資産				
(1) 有形固定資産				
1．建物及び構築物※1	595,919		625,501	
減価償却累計額	279,437	316,482	303,854	321,647
2．機械装置	30,144		32,094	
減価償却累計額	17,675	12,469	19,364	12,730
3．車両運搬具	2,120		2,007	
減価償却累計額	1,596	524	1,598	409
4．工具器具備品	169,628		181,602	
減価償却累計額	116,203	53,425	123,429	58,173
5．土地※1		291,645		292,957
6．建設仮勘定		9,035		15,239
有形固定資産合計		683,580	32.0	701,155	31.9
(2) 無形固定資産		22,340	1.0	25,050	1.2
(3) 投資その他の資産				
1．投資有価証券※1、3		414,573		395,863
2．パートナーシップへの投資額		50,909		53,868
3．長期貸付金		5,671		2,328
4．差入保証金※1		508,358		501,013
5．長期前払費用		11,337		11,824
6．繰延税金		5,954		21,384

第9章 総合ケーススタディ

(単位 百万円)

年度別 科　目	前連結会計年度 (平成8年2月29日現在)		当連結会計年度 (平成9年2月28日現在)	
	金　額	構成比	金　額	構成比
7．その他	37,977	%	38,206	%
8．貸倒引当金	△7,159		△7,370	
投資その他の資産合計	1,027,620	48.1	1,017,116	46.3
固定資産合計	1,733,540	81.1	1,743,321	79.4
Ⅲ　繰延資産	2,034	0.1	2,172	0.1
Ⅳ　連結調整勘定	926	0.0	4,511	0.2
資産合計	2,138,337	100.0	2,196,324	100.0
（負債の部）				
Ⅰ　流動負債				
1．支払手形及び買掛金	232,183		233,156	
2．短期借入金※1、3	763,446		733,231	
3．1年内に償還期限の到来する社債	5,896		6,509	
4．1年内に返済する長期借入金※1	78,319		54,297	
5．コマーシャルペーパー	74,800		112,000	
6．未払金	42,587		50,163	
7．未払事業税等	4,862		4,617	
8．未払法人税等	11,610		10,330	
9．未払費用	17,201		18,451	
10．預り金	49,277		48,647	
11．賞与引当金	16,741		18,684	
12．その他	12,170		11,872	
流動負債合計	1,309,092	61.2	1,301,957	59.3
Ⅱ　固定負債				
1．社債	109,988		153,479	
2．転換社債	5,239		5,239	
3．長期借入金※1	343,143		365,790	
4．預り保証金	113,364		116,731	
5．繰延利益※2	55,830		65,782	
6．退職給与引当金	16,986		18,041	
7．持分法投資損失引当金	28,879		31,392	
8．その他※1、3	2,433		2,831	
固定負債合計	675,862	31.6	759,285	34.6

(単位　百万円)

年度別 科　目	前連結会計年度 （平成8年2月29日現在）		当連結会計年度 （平成9年2月28日現在）	
	金　額	構成比	金　額	構成比
Ⅲ　為替換算調整勘定	592	% 0.0	1,440	% 0.1
Ⅳ　少数株主持分	9,389	0.5	11,951	0.5
負　債　合　計	1,994,935	93.3	2,074,633	94.5
（　資　本　の　部　）				
Ⅰ　資本金	52,000	2.4	52,000	2.4
Ⅱ　資本準備金	152,414	7.1	152,414	6.9
Ⅲ　利益準備金	12,358	0.6	13,000	0.6
	216,772	10.1	217,414	9.9
Ⅳ　欠損金	58,758	△2.7	81,114	△3.7
	158,014	7.4	136,300	6.2
Ⅴ　自己株式	△4	△0.0	△1	△0.0
Ⅵ　子会社の所有する親会社株式※1	△14,608	△0.7	△14,608	△0.7
資　本　合　計	143,402	6.7	121,691	5.5
負債及び資本合計	2,138,337	100.0	2,196,324	100.0

第9章　総合ケーススタディ

b．連結損益計算書　　　　　　　　　　　　　　　　　　　　（単位　百万円）

科目	前連結会計年度 自 平成7年3月1日 至 平成8年2月29日 金額	構成比	当連結会計年度 自 平成8年3月1日 至 平成9年2月28日 金額	構成比
		%		%
Ⅰ　売上高	2,943,831	100.0	2,918,013	100.0
Ⅱ　売上原価	2,169,280	73.7	2,199,448	75.4
売上総利益	774,551	26.3	718,565	24.6
Ⅲ　営業収入				
1．不動産収入	42,563		43,575	
2．その他の営業収入	170,582　213,145	7.3	184,554　228,129	7.8
営業総利益	987,696	33.6	946,694	32.4
Ⅳ　販売費及び一般管理費				
1．販売費	133,310		102,636	
2．賞与引当金繰入額	16,447		18,130	
3．退職給与引当金繰入額	3,462		3,447	
4．従業員給料賞与手当	300,178		310,460	
5．福利厚生費	37,295		36,736	
6．水道光熱費	56,332		57,147	
7．租税公課※1	19,051		13,272	
8．減価償却費	50,789		52,781	
9．賃借料	213,949		219,751	
10．その他	80,122　910,935	31.0	87,806　902,166	30.9
営業利益	76,761	2.6	44,528	1.5
Ⅴ　営業外収益				
1．受取利息	5,123		3,301	
2．受取配当金	618		566	
3．有価証券売却益	110		6	
4．雑収入	9,370　15,221	0.6	5,842　9,715	0.3
Ⅵ　営業外費用				
1．支払利息	37,938		31,372	
2．社債利息	7,289		7,371	
3．雑損失	9,491　54,718	1.9	5,345　44,088	1.5
経常利益	37,264	1.3	10,155	0.3
Ⅶ　特別利益				
1．固定資産売却益	1,219		3,441	
2．投資有価証券売却益	14,730		16,158	
3．関係会社株式売却益	3,252		2,207	
4．固定資産計上益※2	4,356		—	

211

(単位　百万円)

年度別 科　目	前連結会計年度 （自　平成7年3月1日 　至　平成8年2月29日）			当連結会計年度 （自　平成8年3月1日 　至　平成9年2月28日）		
	金　　額		構成比	金　　額		構成比
			％			％
5．その他	4,922	28,479	1.0	3,657	25,463	0.9
Ⅷ　特別損失						
1．調整年金特別掛金	804			766		
2．固定資産除却損	6,337			6,310		
3．固定資産評価損	3,674			532		
4．投資有価証券売却損	194			―		
5．店舗解約損	5,504			4,167		
6．そ の 他	4,843	21,356	0.8	3,695	15,470	0.5
税金等調整前当期純利益		44,387	1.5		20,148	0.7
法人税及び住民税	18,711			18,178		
法人税及び住民税調整額	7,372	26,083	0.9	△11,120	7,053	0.3
少数株主帰属利益		△755	△0.0		△1,233	△0.0
連結調整勘定当期償却額		45	0.0		693	0.0
持分法による投資損益		△12,399	△0.4		△22,642	△0.8
為替換算調整勘定（△は減算）		△22	△0.0		△430	△0.0
当　期　純　利　益		5,083	0.2		―	―
当　期　純　損　失		―	―		11,908	0.4

c．連結剰余金計算書　　　　　　　　　　　　　　　　　　　　　　　（単位　百万円）

年度別 科　目	前連結会計年度 （自　平成7年3月1日 　至　平成8年2月29日）		当連結会計年度 （自　平成8年3月1日 　至　平成9年2月28日）	
	金　　額		金　　額	
Ⅰ　欠損金期首残高		54,004		58,758
Ⅱ　欠損金減少高				
1．持分法適用会社の合併に 　　　伴う欠損金減少高	1,361	1,361	―	―
Ⅲ　欠損金増加高				
1．利益準備金繰入額	1,178		642	
2．配当金	10,266		10,302	
3．役員賞与	―	11,444	144	11,088
Ⅳ　当期純利益		5,083		―
Ⅳ　当期純損失		―		11,908
Ⅴ　為替換算調整勘定（減算）		246		640
Ⅵ　欠損金期末残高		58,758		81,114

第9章 総合ケーススタディ

〈分析のポイント〉

　まず、貸借対照表を比較してみましょう。単体の貸借対照表にあった関係会社株式は投資と資本の相殺消去により、連結ではその大部分がなくなっています。それにとどまらず、単体では260,040百万円あった自己資本が連結では121,691百万円に減少しており、子会社グループ全体では債務超過の状態であることがわかります。

　自己資本比率は単体では20.6％ですが、連結では5.5％と極端に小さくなっています。単体では存在したその他の剰余金が連結ではマイナスとなり、欠損金となっているのが主な原因です。連結上の欠損金も拡大傾向にあり、親会社の黒字決算が子会社グループの犠牲の上に行われたことを推測させます。

　次に損益計算書を見てみましょう。単体の売上高は微増収ですが、連結の売上高は減収となっています。この原因は、単体の損益計算書の注※2にあるように、卸売上（フランチャイジー及び関係会社等への売上）が前期比で約16％（約620億円）増えたものの、子会社に在庫として残っていたために、連結上は売上高に計上されなかったものの存在を示唆しています。

　また、単体で計上した有価証券売却益のほとんどが損益計算書の注※6にあるように関係会社向けのものであり、連結上はこれについても売却がなかったとされるために、連結上の有価証券売却益はほとんどなくなっています。連結財務諸表は関係会社への商品の押し込み販売や有価証券売却による益出しを無効にすることが確認できます。

　ここで、営業利益が支払利息等の金融費用の支払いに何％消えるか、さらに経常利益に占める雑収入（有価証券売却益を含む）の割合が何％となっているかを単体と連結のそれぞれについて見ておきましょう。

単体

　金融費用（支払利息＋社債利息＋社債発行費）／営業利益
＝18,295／2,521＝7.26倍
　雑収入（含む有価証券売却益）／経常利益
＝14,336／591＝24.26倍

　このことから、個別財務諸表の経常利益は作られた数値であることが推測されます。

連結

　金融費用（支払利息＋社債利息＋社債発行費）／営業利益
＝38,743／44,528×100＝87.01％
　雑収入（含む有価証券売却益）／経常利益
＝5,848／10,155×100＝57.59％

　連結財務諸表の方が個別財務諸表よりも信頼性が高いことが感じられます。ただ、営業利益に占める金融費用の割合が高いことがこの企業グループにとっては致命傷となっています。
　一方、個別・連結ともに損益計算書上の売上高はほぼ横ばいですが、棚卸資産は次のような増加率となっています。
　個別　141,716／113,315×100－100＝25.06％
　連結　182,389／151,379×100－100＝20.49％

〈結論〉
　親会社から関係会社等への売上が急増していたことを考慮すると、親会社の急激な業績悪化のツケを一部関係会社等に負担させたものの、それでもなお**親会社の経営が悪化し、在庫が急増した姿が浮かび上がります。**

〈著者紹介〉

都井　清史（とい　きよし）

昭和58年神戸大学経営学部会計学科卒業、昭和63年公認会計士都井清史事務所設立。主として、金融機関、一般事業法人向けの財務分析の研修・講演に従事。著書は『図解　超簡単キャッシュ・フロー』（ＢＳＩエデュケーション）をはじめ、『コツさえわかればすぐ使える決算書速読・速解術』（きんざい）、『公益法人の運営と会計・税務』（新日本法規、共著）、『ファイナンシャル・アドバイス応用事例編』（経済法令研究会、共著）、『これで財務諸表論に合格できる』（東京教育情報センター、共著）他多数。

図解　超簡単連結決算

平成12年10月6日　初版発行　　　　　　　　　　〈検印省略〉
　1刷　平成12年10月6日
　3刷　平成17年12月5日

著　　者	都井　清史
発 行 者	土師　清次郎
発 行 所	㈱銀行研修社

東京都豊島区北大塚3丁目10番5号
電話　東京03（3949）4101（代表）
郵便番号170-8460
振替　00120-4-8604

印刷／神谷印刷株式会社　ISBN-4-7657-3980-5　C3033
製本／山田製本　2002Ⓒ Toi Kiyoshi　Printed in Japan
落丁・乱丁本はおとりかえ致します。　定価はカバーに表示してあります。

※弊社は02年10月、㈱BSIエデュケーションから㈱銀行研修社に社名を変更いたしました。

> 謹告　本書の全部または一部の複写、複製、転記載および磁気または光記録媒体への入力等は法律で禁じられています。これらの許諾については弊社・秘書室（TEL 03-3949-4150 直通）までご照会下さい。

銀行研修社の好評図書ご案内

第八版 貸付用語辞典
責任編集／新井益太郎・今井 勇・石井眞司・安東盛人

B6判・720頁
定価3,990円（本体3,800円＋税）
商品コード 1140773

貸付に強くなるためには、貸せるかいなかの〈経済性〉と債権管理のための〈法律性〉の二つが要求される。そのための3,500用語を収録し、一つの用語を融資実行、与信判断、債権管理、財務分析等、専門的な立場から解説。

第三版 証券用語辞典
責任編集／武田昌輔・井澤敬一・阿達哲雄・竹内一郎・清水 浩

B6判・760頁
定価3,780円（本体3,600円＋税）
商品コード 1141222

日常の証券業務に役立つ約3,200用語を精選し、証券市場、株式、債券、投資信託、証取法等15ジャンルに分類し、それぞれの視点から明解に解説した証券実務の総合辞典。

第十二版 金融法務辞典
責任編集／石井眞司・伊藤 進・鈴木正和・吉原省三

B6判・1,012頁
定価4,095円（本体3,900円＋税）
商品コード 1141230

難解とされる金融法務の専門・実務用語5,338を預金、内国為替、担保・保証、債権管理、債権回収、民商法など16の分野に大別して専門的に解説。さらに最新の134用語を精選し追加した本格的な辞典。

第五版 国際金融用語辞典
責任編集／貝塚啓明・中嶋敬雄・古川哲夫

B6判・696頁
定価3,780円（本体3,600円＋税）
商品コード 1139600

金融の国際化や自由化・証券化の進展に伴い、国際金融取引に関する専門用語の理解の重要性はますます高まっている。本書は5,000を超す専門用語を、国際経済、国際金融、国際証券、外国為替、国際法務、税務会計の6分野に分類し解説した本格的な辞典。

第二版 新会計基準による決算書をどう読むか
新日本監査法人 編著

A5判・344頁
定価3,045円（本体2,900円＋税）
商品コード 1140757

「連結決算」「キャッシュフロー会計」「税効果会計」「金融商品会計（時価会計）」「退職給付会計」の会計制度の浸透により、企業の決算書はどのように変わり、融資担当者はどう対応すべきかが分かる。

企業再生支援の実務
企業再建コンサルタント協同組合・企業再建協議会 共著

A5判・512頁
定価5,040円（本体4,800円＋税）
商品コード 1140528

再生先の選別から支援策の作成・実行、最終処理まできわめて詳細な解説を施した完全対策集。不振取引先の支援実務のすべてがわかる金融機関全担当者必携の1冊。

第二版 財務分析入門
加藤勝康 著

A5判・496頁
定価4,725円（本体4,500円＋税）
商品コード 1140714

定量分析の柱は財務分析であり、本書はその財務分析の基本である「財務データ」を「有効な情報」に加工・分析する方法と理論を極めて詳細に解説した。融資担当者はもとより、全行職員必読の1冊。

第二版 相続預金取扱事例集
石井眞司・大西武士 監修／木内是壽 著

A5判・304頁
定価2,520円（本体2,400円＋税）
商品コード 1140978

相続発生時の初動対応から具体的事務手順、書類の作成、法律的処理までを、永年、相続案件を取扱ってきた貴重な経験とノウハウをもとにすべて開示。

コンプライアンスのための 金融取引ルールブック 第九版
雨宮眞也・伊藤 進編著

B6判・548頁
定価2,500円（本体2,381円＋税）
商品コード 1141516

過度な取引先紹介や貸手責任、商品等の説明義務などといった金融取引における様々なルールとそれを無視した場合の罰則等を具体的かつ平易に解説した全金融機関役職員の必携書。

▶最寄りの書店で品切れの節は、小社へ直接お申込み下さい。また、この場合商品コードをご記入下さい。